Steffi Baltes

UNTERWEGS NACH WEIHNACHTEN

Steffi Baltes

Unterwegs nach Weihnachten

Ein Begleiter für die Adventszeit

francke

Über die Autorin:

Steffi Baltes ist Pfarrerin. Sechs Jahre lang leitete sie ein Gästehaus in Jerusalem und begleitete mit ihrem Mann christliche Reisegruppen durchs Heilige Land. Heute lebt sie in Marburg und arbeitet im Verlag der Francke-Buchhandlung GmbH und im Christus-Treff.

Bibliografische Information Der Deutschen Bibliothek
Die Deutsche Bibliothek verzeichnet diese Publikation in der Deutschen Nationalbibliografie; detaillierte bibliografische Daten sind im Internet über http://dnb.ddb.de abrufbar.

ISBN 978-3-86827-195-9

35037 Marburg an der Lahn
Die Bibelzitate sind der Lutherbibel (revidierte Fassung) und der zeitgemäßen Übersetzung „das buch“ von Roland Werner entnommen (Witten, 2009)
Bildnachweis Innenteil: s. S. 136
Umschlagbild und S. 48: mit freundlicher Genehmigung von Nazareth Village, www.nazarethvillage.com
Umschlaggestaltung: Verlag der Francke-Buchhandlung GmbH / C. Heinritz
Satz: Verlag der Francke-Buchhandlung GmbH
Druck: Bercker Graphischer Betrieb, Kevelaer

www.francke-buch.de

Inhaltsverzeichnis

Für Levi

und

für Alina, Sophia und Viktoria

Möge der König der Welt

in ihren Herzen immer neu geboren werden.

1. Maria:
Der Tag, der alles veränderte

Es war ein wundervoller Frühlingsmorgen. Am Tag zuvor hatte es geregnet und die Luft roch nach frischem Grün, nach Sträuchern und Blumen. Maria saß vor dem Haus ihrer Eltern und summte vor sich hin, während sie an einem Büschel Schafswolle zupfte. Geschickt hatte sie bald einen Faden herausgearbeitet, den sie an ihrer Spindel befestigte. Sie gab der Spindel einen sanften Stoß, die drehte sich schnell und stetig, und schon bald hatte Maria eine ansehnliche Menge Garn gesponnen. Plötzlich hielt sie inne. Einige Meter vor ihr, im Oleanderstrauch, der im Hof stand, schwirrte ein kleiner Nektarvogel aufgeregt von Blüte zu Blüte. Sein Gefieder fing die hellen Strahlen der Morgensonne ein. Er funkelte wie ein kleines Juwel, kobaltblau und smaragdgrün. Maria ließ die Spindel in den Schoß sinken und sah zu, wie der Nektarvogel seinen langen, gebogenen Schnabel in die Blütenkelche steckte und dabei so schnell mit den Flügeln flatterte, dass er in der Luft stehen blieb. Wie gut, dass ihre Mutter Hannah noch im Haus war und sie jetzt nicht sehen konnte. Sie wäre sonst sicher wieder verärgert über Marias „Tagträumerei“ gewesen, wie sie es immer nannte. Da fiel Maria ein, dass sie ja eigentlich versprochen hatte, frisches Wasser aus der Quelle am Rande des Dorfes zu holen. Ihr Vater Jojakim hatte zwar schon vor langer Zeit eine Zisterne direkt vor dem Haus angelegt, um das Wasser in der Regenzeit aufzufangen. So hatten sie auch in den langen trockenen Monaten immer genug Wasser für sich und die vielen Schafe und Ziegen, die sich Jojakim hielt.

Doch frisches, fließendes Quellwasser schmeckte immer noch am besten. Maria nahm einen Tonkrug, der in einer Ecke des Hofes lehnte, und machte sich auf den Weg. Sie lief oberhalb der kleinen Schlucht entlang, die vor ihrem Haus verlief, und sah hinunter auf das schmale Bächlein, das sich seinen Weg durch den felsigen Untergrund bahnte.

Während sie durchs Dorf ging, hielt sie Ausschau nach ihren Nachbarn. Viele der Häuser Nazareths waren geräumige Wohngrotten, die in den natürlichen Felsen hineingehauen waren. In den heißen Sommermonaten profitierten die Bewohner von der angenehmen Temperatur der Höhlen, und die Vorräte hielten sich lange frisch. Nazareth war ein einfaches Dorf mit nur wenigen hundert Einwohnern, aber Maria liebte es.

Es war noch früh, und so begegneten ihr auf dem Weg zur Quelle nur wenige Dorfbewohner. Sie konnte ungestört ihren Gedanken nachhängen. Als sie an Josef dachte, wurde ihr warm ums Herz. Schon seit einiger Zeit war sie ihm versprochen, und bald würden sie heiraten. Immerhin war Maria schon 15 Jahre alt. Viele ihrer Freundinnen waren wie sie verlobt oder sogar verheiratet. Ihre beste Freundin, die nur ein Jahr älter war als sie, hatte gerade ihr zweites Kind bekommen.

Josef hatte einen guten Beruf. Er war Baumeister und hatte in Nazareth und weit darüber hinaus immer genügend Arbeit. Gerade war er im sechs Kilometer entfernten Sepphoris beschäftigt. Er konnte gut für eine Familie sorgen. Das war es, was Maria sich wünschte. Eine eigene, große Familie. Eine leichte Röte überzog ihre Wangen.

✵ ✵ ✵

Endlich war sie an der Quelle angekommen. Es war niemand zu sehen. Ihre Freundinnen schienen noch zu Hause zu sein. Schade. Sie hätte so gerne ein wenig Zeit mit ihnen verbracht, Neuigkeiten ausgetauscht und gemeinsam geträumt, wie es wohl sein würde, zu heiraten und einen eigenen Haushalt zu gründen. Maria seufzte und stieg die in den Fels gehauenen Stufen zur Quelle hinunter.

Als sie gerade ihren Krug gefüllt hatte und ihn zum leichteren Transport auf den Kopf setzen wollte, war es ihr, als hörte sie jemanden ihren Namen rufen. Sie schaute sich um, sah aber niemanden. Leichtfüßig stieg sie die Felsstufen hoch. Als sie die oberste Stufe erreicht hatte, horchte sie auf. Da war er wieder, der Ruf. Eine Männerstimme. Maria erschrak. Die Stimme gehörte keinem, den sie kannte. Aber welcher fremde Mann würde es wagen, sie so allein anzusprechen? Und warum kannte er ihren Namen? Wo war er?

Marias Füße flogen nur so den Heimweg entlang. Sie ging mit großen Schritten, so schnell sie es mit dem vollen Wasserkrug auf dem Kopf eben konnte. Außer Atem kam sie beim Haus ihrer Eltern an. Sie stellte den Krug im offenen Innenhof ab und ließ sich erschöpft auf den hölzernen Schemel neben ihrer Spindel nieder.

Nach und nach wurde ihr Atem wieder ruhiger und regelmäßiger. Sie schüttelte innerlich den Kopf über sich. Wahrscheinlich hatte sie sich alles nur eingebildet. Sie wollte gerade wieder ihre Spindel zur Hand nehmen, da hörte sie die Stimme erneut. Deutlicher, näher. Maria sprang so schnell auf, dass der Schemel umfiel. Also doch! War ihr der Fremde etwa von der Quelle bis nach Hause gefolgt? Sie drehte sich um, sah aber niemanden. Es musste aber jemand da sein! Sie spürte deutlich, dass sie nicht allein im Hof war. Als sie sich wieder nach vorn wandte, sah sie plötzlich einen Mann in einem hellen Gewand neben dem Oleanderbusch stehen. Ihr Herz tat einen Sprung.

„Sei gegrüßt! Dich hat Gott mit seiner Gnade ausgezeichnet. Er, der Herr, ist mit dir!", sagte der Fremde.

Maria hielt erschrocken beide Hände vor den Mund und wich ein paar Schritte zurück.

Der Fremde fuhr fort: „Hab keine Angst, Maria! Gott hat dich mit seiner Gnade beschenkt. Du wirst schwanger werden und einen Sohn zur Welt bringen. Dem sollst du den Namen Jesus geben. Er wird sehr bedeutend sein und Sohn des Allerhöchsten genannt werden. Gott der Herr wird ihm den Thron seines Vorfahren David übergeben. Er wird bis in alle Ewigkeit als König über das Haus Jakob herrschen. Ja, seine Herrschaft wird niemals enden!"

Marias Gedanken überschlugen sich. Sie hatte immer ehrfurchtsvoll gelauscht, wenn die Alten auf dem Marktplatz in lauen Sommernächten zuweilen erzählt hatten, wie sie die Stimme des Allerhöchsten vernommen oder sogar seinen Boten begegnet seien. Aber sie hatte nie damit gerechnet, dass ihr eines Tages Ähnliches passieren könnte. Dieser Fremde musste ein Prophet oder ein Bote Gottes sein. Mit zitternder Stimme wagte sie zu fragen: „Wie soll das geschehen? Ich habe doch noch nie mit einem Mann geschlafen!"

Der Fremde sah Maria einen Moment lang gütig und mit sanftem Lächeln an, so als wisse er, welcher Aufruhr jetzt in ihrem Inneren herschte.

Sie dachte sofort entsetzt an ihren Verlobten Josef. Was musste er glauben, wenn es wirklich wahr war, was der Gottesbote da sagte? An die Nachbarn im Dorf wollte sie erst gar nicht denken. Sie hatte doch noch nie irgendwelche Zärtlichkeiten mit Josef ausgetauscht, obwohl sie schon beinahe ein Jahr lang verlobt waren. Sie trafen sich nur, wenn Familie oder Freunde dabei waren, nie allein. So etwas gehörte sich nicht für ein junges unverheiratetes jüdisches Mädchen. Ihre Eltern hatten sie stets angehalten, auf ihren Ruf zu achten. Und nun das! Was für ein absurder Gedanke! Wie um Himmels willen sollte sie schwanger geworden sein?

Mitten in ihre Gedanken hinein antwortete der Bote: „Der heilige Gottesgeist wird über dich kommen und die Kraft des Höchsten wird ihren Schatten über dich werfen. Deshalb wird das Kind, das du zur Welt bringen wirst, heilig sein. Sohn Gottes wird es genannt werden. Achte darauf: Deine Verwandte Elisabeth ist auch schwanger und erwartet trotz ihres hohen Alters einen Sohn. Sie ist jetzt im sechsten Monat, sie, von der gesagt wurde: Sie kann keine Kinder bekommen! Das zeigt: Bei Gott ist überhaupt nichts unmöglich!"

Marias Knie gaben nach. Sie ließ sich auf den Boden nieder. Ihr Kopf sank auf ihre Brust. Sie brauchte einen Moment, um diese erstaunlichen und erschreckenden Neuigkeiten auch nur annähernd zu erfassen.

Der Bote wartete geduldig.

„Mein Gott!", betete Maria. Ihr Mund bewegte sich, aber kein Ton kam über ihre Lippen. „Ich begreife das nicht! Warum ich? Hast du dich nicht geirrt? Ich weiß nicht, ob ich das kann ... du musst mir helfen, mein Gott!", schrie sie in ihrem Inneren. Ihr Herz flatterte wie ein Vogel im Käfig. Wie als Antwort auf ihr Gebet überflutete sie eine Woge der Zuversicht und des Friedens. Ihr wurde warm ums Herz. Sie entspannte sich. Es war so, als ob Gott ihr sagen wollte: „Ich sehe dich. Ich bin da. Alles wird gut."

Maria hob den Kopf und sah dem Boten in die Augen. Ihr

Blick war fest. „Hier bin ich, eine Dienerin Gottes des Herrn! Es soll genauso geschehen, wie du es gesagt hat!“

Da lächelte der Bote wieder, verbeugte sich leicht vor Maria und verließ den Innenhof des Hauses.

Maria sprang auf und rannte zum Tor, um ihm noch nachzusehen. Doch er war verschwunden.

2. Gabriel:
Der Held Gottes

Anbetend stehst du vor Gottes Thron,
Engelfürst,
Tag und Nacht, Nacht und Tag,
und rufst: Heilig, heilig, heilig!

Hell wie der Blitz,
weiß wie der Schnee,
funkelnd wie die Sonne,
so schuf dich der König der Welten,
um ihm Ehre zu geben.

Wartend stehst du an seiner Seite,
bis sein Mund dir befiehlt,
und deine größte Freude ist es,
die Aufträge des Ewigen zu erfüllen.

Der Weg zwischen Himmel und Erde
ist nicht weit für dich,
Gottes Wort verleiht dir Flügel.

Im Tempel überraschst du Zacharias
und erzählst ihm
vom Erscheinen des Wegbereiters.

Im Haus begrüßt du Maria
und verkündest ihr
die Menschwerdung des Erlösers.

Gabriel, Gottes Held, Gottes Kraft,
du kündigst den einen Helden an,
der in Gottes Kraft den Weg
zwischen den Welten ebnet,

damit auch alle,
die keine Flügel haben,
zurück zum Himmel finden.

3. Josef:
Vertrauen gegen den Augenschein

Josef löschte den Docht der Öllampe und tastete im Dunkeln nach einer kleinen Nische in der Wand. Als er sie gefunden hatte, stellte er die Öllampe hinein und ließ sich stöhnend auf seine Schlafstatt zurückfallen, die aus einigen Binsenmatten auf dem Boden und mehreren Schaffellen zum Zudecken bestand. Noch konnte es in Nazareth nachts empfindlich kühl werden.

Sein ganzer Körper schmerzte. Er war in den vergangenen Tagen in Sepphoris gewesen und hatte viele Stunden lang Holz und Stein bearbeitet, um die Häuser der Wohlhabenden zu verschönern. Die Bezahlung war gut, da brauchte er sich nicht zu beschweren. Und gerade jetzt, wo er Maria endlich heiraten wollte, konnten sie jeden Schekel gebrauchen. Josef wurde traurig. Er warf sich unruhig auf seiner Schlafstatt hin und her. Die Ereignisse des Tages ließen ihn nicht los.

* * *

Heute war er gegen Mittag fröhlich nach Nazareth zurückgekehrt. Er war im Laufschritt durch die Gassen geeilt, um seine Verlobte Maria im Haus ihrer Eltern zu besuchen. Sein zukünftiger Schwiegervater Jojakim stand mit ernster Miene im Innenhof, die Arme vor der Brust verschränkt. Als er Josef kommen sah, hellte sich seine Miene für einen Moment lang auf. Dann zog ein Schatten über seine Gesichtszüge. „Schalom, Josef, Friede sei mit dir! Gesegnet sei dein Kommen! Wie

schön, dass du wieder zurück bist!" Er umarmte Josef zur Begrüßung. Trotz der herzlichen Worte und der Umarmung blieb Jojakim jedoch ernst. Er nickte zum Haus hinüber und sagte: „Geh nur hinein. Maria ist drinnen. Ihre Mutter ist bei ihr."

Josefs Vorfreude darauf, seine Verlobte wiederzusehen, wurde durch das seltsame Verhalten seines Schwiegervaters etwas geschmälert. Er ging durch den Hof und rief, um sich anzukündigen: „Maria! Ich bin wieder zurück!" Er betrat das Haus, das vor einer geräumigen Höhle gebaut war, die weit in den Felsen hineinreichte und als Vorratsraum diente.

Maria saß schluchzend, das Gesicht in den Händen vergraben, auf der Wohnterrasse. Diese lag etwas höher als der übrige Raum. Hier wurde das Essen vorbereitet oder geschlafen. Marias Mutter saß neben ihr und hatte einen Arm um sie gelegt. Sie flüsterte ihr etwas ins Ohr. Maria nickte. Jetzt erst bemerkten sie beide Josef, der verwundert im Eingang stehen geblieben war. Hanna winkte ihn zu sich. Unsicher kam Josef näher. Als Maria ihn sah, musste sie noch mehr weinen. Was war in seiner Abwesenheit geschehen?

„Maria, ich bin wieder zurück aus Sepphoris ...", brachte er stockend hervor, „freust du dich denn gar nicht?"

* * *

Was dann folgte, war für Josef im Rückblick immer noch so unbegreiflich, dass ihm auf seiner Schlafstatt ganz schwindlig wurde. Er fuhr sich übers Gesicht und wälzte sich auf die andere Seite. Maria hatte ihm, immer noch weinend, von ihrer Begegnung mit einem Gottesboten und von ihrer Schwangerschaft erzählt. Sie hatte Angst, Josef würde ihr nicht glauben und schlecht von ihr denken. Und damit hatte sie leider recht. Obwohl auch Jojakim und Hanna auf ihn eingeredet und ihm versichert hatten, dass sie ihrer Tochter Glauben schenkten, war Josef entsetzt gewesen. Was erwartete man auch von ihm? Sollte er diese unglaubliche Geschichte einfach so hinnehmen? Was würden seine Freunde sagen, wenn das herauskäme? Er würde zum Gespött von ganz Nazareth werden! Noch nicht verheiratet, und schon war seine Frau schwanger ... und noch nicht einmal von ihm. Er konnte sich einfach nicht vorstellen, wie das passiert war. Er kannte Maria doch eigentlich als nachdenkliche, kluge junge Frau mit tadellosem Ruf und voller Liebe zu dem Gott Israels. Außerdem war sie das hübscheste Mädchen im ganzen Dorf. Vielleicht war ihr das jetzt zum Verhängnis geworden. Er wollte ihr nicht böse sein. Doch unter diesen Umständen konnte er sie einfach nicht mehr heiraten.

Josef stöhnte wieder. Doch diesmal weniger wegen der Schmerzen in seinen Gliedern als vielmehr wegen der Schmerzen in seiner Seele. Maria war die Richtige für ihn, das wusste er. Doch nun drohte diese Schwangerschaft alles zu zerstören, was an Vertrauen und Zuneigung zwischen ihnen gewachsen war. Tränen rannen seine Wangen hinunter. Er wischte sie weg, warf sich noch einmal ruhelos auf die andere Seite und schlief irgendwann erschöpft und übermüdet ein ...

Licht durchströmt den Raum. Helles, weißes Licht. Doch es tut seinen Augen nicht weh. Schließlich füllt es den Raum, und Josef ist eingehüllt in seine hellen Strahlen. Er hat keine Angst. Er wundert sich nicht. Da lässt das Licht langsam nach. Es wird immer schwächer, bis es ganz verlischt. Nun liegt der Raum im Halbdunkel des anbrechenden Tages. In der Nische vor dem Fenster sitzt ein Mann. Er sieht Josef an und schweigt. Dann, Josef erscheint es wie eine Ewigkeit, sagt er:

„Josef, du Nachkomme von David, hab keine Angst, Maria als deine Ehefrau aufzunehmen! Denn das neue Leben, das in ihr entstanden ist, stammt vom heiligen Gottesgeist. Maria wird einen Sohn zur Welt bringen. Dem sollst du den Namen Jesus geben. Denn er wird – wie der Name sagt – sein Volk von allen Sünden befreien."

Mit einem Ruck setzte sich Josef im Bett auf. Was war das? Hatte er geträumt? Suchend blickte er sich im Raum um. Doch da war kein Mann. Kein helles Licht. Er kratzte sich verwundert am Kopf. Dieser Traum war so real gewesen. Die Worte des Mannes hallten noch jetzt in ihm nach, als seien sie eben erst gesprochen worden.

Draußen wurde es langsam hell. Da dämmerte es auch Josef: Das musste eine Nachricht vom Allerhöchsten gewesen sein! Er hatte ihm im Traum seinen Boten geschickt, um das Zeugnis von Maria zu bestätigen. Josef schämte sich ein wenig. Warum hatte er Maria so wenig Vertrauen entgegengebracht?

Im Apfelbaum vor dem Fenster gurrte ein Taubenpärchen. Mit einem Sprung war Josef auf seinen Füßen. Er reichte mit beiden Händen in einen Krug voller Wasser und spritzte sich etwas davon ins Gesicht. Dann fuhr er sich durch die Haare, strich sein Gewand glatt und verließ das Haus. Mit großen Schritten eilte er durch die noch einsamen Gassen Nazareths. Schließlich fing er an zu laufen, schneller und schneller. Atemlos erreichte er das Haus von Jojakim und Hanna. Zu seinem Erstaunen saß Maria bereits im Innenhof und knetete Brotteig. Sie schaute auf und sah Josef im Eingang stehen. Ihre Augen wurden groß. Josef lächelte sie an und sagte: „Gut, dass du schon wach bist, Maria! Wir haben eine Hochzeit zu planen!"

4. Elisabeth:
Vom Wert der Freundschaft

Maria wischte sich den Schweiß von der Stirn. Es war schon sehr warm heute. Vor zwei Tagen war sie von Nazareth in Richtung Jerusalem aufgebrochen und zügig vorangekommen. Ihr Vater hatte ihr einen seiner ausdauerndsten und treuesten Esel mitgegeben. Manchmal saß sie ab, lief ein Stück zu Fuß und führte den Esel, um ihn nicht zu schnell zu ermüden. Schließlich musste er auch noch ihr Gepäck tragen. Ihre Mutter hatte darauf bestanden, Maria für ihre Verwandte Elisabeth eine Reihe von Geschenken mitzugeben: selbstgebackene Feigenkuchen mit Nussfüllung, Gerstenkuchen mit Honig, eingelegte Wachteleier, süße Halvah. Maria war sehr froh gewesen, als Josef ihr vor einigen Wochen eröffnet hatte, dass er ihr glaube und sie immer noch heiraten wolle. Er hatte sich sogar bei ihr entschuldigt und ihr von seinem seltsam realen Traum erzählt. Dann ging alles sehr schnell. Schon wenige Tage später hatten sie geheiratet. Es war ein wunderbares Fest gewesen. Einige der Verwandten, die um Jerusalem herum wohnten, hatten es zwar in der Kürze der Zeit nicht geschafft, nach Nazareth zu reisen, umso mehr aber hatte das ganze Dorf am fröhlichen Ereignis Anteil genommen.

* * *

Maria war nun außer Gefahr. Hätten sich in einigen Monaten die Anzeichen einer Schwangerschaft deutlich gezeigt, ohne dass sie mit Josef verheiratet gewesen wäre, hätte sie das in

eine schwierige Situation gebracht. Im besten Fall wäre sie für lange Zeit das Tagesgespräch im Dorf gewesen, im schlechtesten Fall hätte man sie zu Tode gesteinigt. Im Moment lebten Maria und Josef noch wie Bruder und Schwester miteinander. Josef wollte sie unberührt lassen, aus Ehrfurcht vor dem Kind, das Gottes Geist in ihr wachsen ließ. Leicht war das für beide nicht, da sie sich während ihrer Verlobungszeit sehr lieb gewonnen hatten. Da hatte sich Maria wieder an das erinnert, was der Engel ihr über ihre Verwandte Elisabeth erzählt hatte, die in der Nähe von Jerusalem wohnte. Und Maria hatte sich kurzerhand entschlossen, zu ihr zu reisen. Etwas Abstand würde Josef und ihr das Warten erleichtern, und außerdem konnte sie Ruhe zum Nachdenken und den Rat von Elisabeth gut gebrauchen. Sie freute sich sogar darauf, sich mit Elisabeth über das Wunder auszutauschen, das mit ihnen beiden geschehen war.

* * *

Nach vier Tagen erreichte Maria das Hügelland um Jerusalem. Elisabeth und ihr Mann Zacharias lebten in einem kleinen Dörfchen, das sich unterhalb von Jerusalem in ein fruchtbares Tal schmiegte. Die Hänge waren mit Wein bepflanzt, und an deren Fuß entsprang eine Quelle, die dem ganzen Dorf Wasser spendete. Daher hatte es auch seinen Namen: Ein Kerem, Quelle des Weinbergs. Während Marias Esel langsam einen ausgetretenen Pfad zum Dorf hinuntertrottete, hatte sie Zeit, die kleinen und großen Schönheiten am Weg zu bewundern. Um sie herum blühten Wildblumen in leuchtendem Rot und Gelb: Klatschmohn, Anemonen, leuchtend gelbe Kronenchrysanthemen und weiß-gelbe Margeriten.

✲ ✲ ✲

Als Maria das Dorf erreicht hatte, stieg sie von ihrem Esel und ging zum Brunnen auf dem Marktplatz. Sie trank etwas von dem erfrischenden Wasser. Von einigen Frauen, die sich dort zum Wasserholen und zum Austausch von Neuigkeiten trafen, erfuhr sie, dass ihre Verwandte Elisabeth schon seit Monaten nicht mehr im Dorf wohnte. Ihr Mann Zacharias war gerade wieder zum priesterlichen Dienst im Tempel in Jerusalem eingeteilt, und sie hatte sich offenbar in ein kleines Gartenhaus den Hügel hinauf zurückgezogen. Eine der Frauen fügte geheimnisvoll hinzu: „Man sagt, Elisabeth sei schwanger! Und das in ihrem Alter! Wer weiß, ob das überhaupt noch gut geht ..." Eine andere stemmte die Hände in die Hüften und sagte entrüstet: „Also so was, Rachel, du solltest dich schämen! Erstens wissen wir gar nicht, ob das mit der Schwangerschaft wirklich stimmt, und zweitens würde ich es Elisabeth und Zacharias gönnen! Sie haben so lange vergeblich auf ein Kind gewartet!"

Die beiden Frauen fingen an zu streiten, und als noch andere sich lautstark einmischten, entfernte sich Maria unbemerkt. Sie stieg langsam, ihren Esel hinter sich herziehend, den Hügel hinauf, wieder hinaus aus dem Dorf. Jetzt, wo sie die Frauen erlebt hatte, wunderte sie sich nicht mehr, dass Elisabeth ihr schönes Häuschen im Dorf verlassen und sich in eine etwas abgelegene Hütte zurückgezogen hatte. Bestimmt wollte sie neugierigen oder missgünstigen Blicken entgehen und nicht zum Dorfgespräch werden.

Maria seufzte. Die enge Dorfgemeinschaft hatte viele Vorteile. Das kannte sie aus Nazareth. Man sorgte sich umeinander und half sich in Notlagen. Aber man wurde auch genau beobachtet und leicht zum Gesprächsthema, sobald man etwas aus dem Rahmen fiel.

* * *

Der Weg schien sich endlos den Hügel hinaufzuziehen und Maria war schon etwas außer Atem, doch schließlich erreichte sie den Kamm. Von hier hatte man einen atemberaubenden Blick in das judäische Bergland. Auch Jerusalem war zu sehen.

Die Hütte, die Zacharias und Elisabeth als Gartenhaus diente, lag direkt vor ihr. Maria band ihren Esel unter einem Olivenbaum fest. Sie würde ihn später vom Gepäck befreien. Nun musste sie erst einmal ihre Verwandte in die Arme schließen. Behutsam öffnete sie die Tür. Als sie eintrat, sah sie Elisabeth an einem Webrahmen stehen. Sie führte gerade ein Schiffchen mit gefärbter Schafswolle durch die Kettfäden und hatte Maria noch nicht bemerkt. „Elisabeth, sei gegrüßt! Ich bin's, deine Verwandte Maria", sagte sie sanft, um Elisabeth nicht zu erschrecken.

Elisabeth drehte sich mit einem Ruck um. „Oh Maria, das ist eine schöne Überraschung!" Sie war mit zwei großen Schritten bei ihr und umarmte sie herzlich. Dann hielt Elisabeth Maria ein Stück von sich weg und betrachtete sie prüfend. „Gut siehst du aus, mein Kind! Du strahlst ja richtig!" Plötzlich fasste sich Elisabeth an ihren deutlich gerundeten Bauch. „Oh, er tritt aber ganz ordentlich, der Kleine!" Sie nahm Marias Hand und legte sie auf ihren Bauch. „Fühl mal. Er ist stark, nicht wahr! Das fängt ja gut an. Ach Maria, wer hätte das gedacht, dass Gott Zacharias und mich doch noch mit Nachwuchs beschenkt. Das kann nur ein Wunder sein! Hättest du geglaubt, dass bei Gott so etwas möglich ist?" Elisabeth sah Maria forschend in die Augen.

Maria antwortete nicht, sondern lächelte strahlend und etwas verlegen.

Das Kind in Elisabeths Bauch bewegte sich wieder. Diesmal schien es regelrecht zu hüpfen. „Was ...?“, fragte Elisabeth und sah erstaunt auf ihren Bauch, der plötzlich ein Eigenleben zu führen schien. Ihr wurde warm, ihr Herz begann wie wild zu klopfen. Sie sah Maria fragend an, und da war es ihr, als ließe Gott sie für einen Moment lang mit seinen Augen sehen. Sie wusste plötzlich, wie es um Maria stand und was mit ihr geschehen war. Sie wusste es einfach. Es gab keinen Zweifel. Voller Freude rief sie: „Du bist wirklich gesegnet, mehr als alle anderen Frauen, und auch das Kind in deinem Leib ist hoch gepriesen! Wie komme ich nur dazu, dass die Mutter meines Herrn sich selbst auf den Weg zu mir macht? Das sollst du wissen: Als ich deinen Gruß hörte, hüpfte das Kind in meinem Leib vor lauter Jubel! Du bist wirklich glücklich zu preisen! Denn du hast Gott vertraut, dass er das, was er dir zugesagt hat, auch zum Ziel bringen wird.“

* * *

Maria war gerührt. Gott hatte ihrer Verwandten Elisabeth durch seinen Geist bezeugt, was mit ihr geschehen war. Ohne dass sie auch nur ein Wort hatte sagen müssen. Ohne dass sie sich hatte erklären müssen. Gott kümmerte sich liebevoll und aufmerksam um sie. Er ehrte sie. Er ließ sie nicht allein. Alles würde gut werden.

5. Das Loblied: Stärke in der Schwachheit

Maria ist Gott begegnet. Er hat zu ihr gesprochen wie vielleicht noch niemals zuvor. Zu ihr, einer 15-jährigen jungen Frau in einem unbedeutenden Dorf namens Nazareth. Gott mutet ihr etwas Unglaubliches zu. Sie soll die Mutter des langersehnten Messias Israels werden. Das ist eine enorme Auszeichnung. Er, der ewige, große Gott, hat eine außergewöhnliche Berufung für Maria. Doch sie fühlt sich in diesem Moment klein, unbedeutend, unwürdig. Wird sie es schaffen? Kann sie das tragen, was Gott ihr zumutet? Was er ihr anvertraut? Wird die Verantwortung nicht zu groß sein? Maria hat Angst.

Doch sie muss schon einen Weg mit Gott gegangen sein. Sie muss das Hören schon gelernt haben. Gott ist kein Fremder mehr für sie. Nach anfänglicher Furcht und Verwirrung akzeptiert sie, dass Gott aus dem Nichts ein neues Leben erschaffen kann. Und sie entscheidet sich, Gott zur Verfügung zu stehen.

* * *

Hätte sie denn eine Wahl gehabt? Ja. Sie hätte sich verweigern können. Aber sie tut es nicht. Sie hört auf Gott und auf seinen Boten: „Gott hat dich mit seiner Gnade beschenkt. Bei Gott ist überhaupt nichts unmöglich." Und Maria glaubt ihm. Sie hört. Und sie vertraut. Gegen den Augenschein. Trotz ihrer Furcht. Mitten in ihrer Verwirrung. Und Gott beschenkt sie mit Hoffnung und Zuversicht. Mit einem Mann, der integer und authentisch ist und ihr zur Seite steht. Mit Freunden, die Ver-

ständnis für sie haben und ihr weiterhelfen. So wie Elisabeth. Gott schenkt Maria Freude ins Herz. Und sie antwortet mit einem Lied voller Dankbarkeit, Ehrfurcht und Staunen:

„Mit allem, was ich bin, will ich Gott den Herrn hoch erheben. Ja, mein Innerstes jubelt über Gott. Er ist der, der mich aus allem erlöst. Ganz tief hat er sich herabgebeugt und mich, seine Dienerin, voller Liebe angeschaut. Von jetzt an werden alle Generationen mich glücklich nennen.

Denn er, der Mächtige, hat große Dinge an mir getan.
Sein Name ist heilig.
Von Generation zu Generation wendet er sich freundlich und liebevoll denen zu, die ihm mit Ehrfurcht begegnen.

Große Machttaten hat er vollbracht. Ja, er hat die, die in ihrem Herzen aufgeblasen sind, in alle Himmelsrichtungen zerstreut. Die Machthaber hat er von ihren Thronen gestoßen und die Elenden aufgerichtet. Die Hungernden hat er mit allem Guten versorgt und die Reichen ohne alles fortgeschickt.

Sein Kind, sein Volk Israel hat er in die Arme geschlossen, so wie er es in seiner Barmherzigkeit immer wieder getan hat. So hat er es unseren Vorfahren versprochen, Abraham und seinen Nachkommen. Diese Zusage gilt bis in ferne Zukunftszeiten!“ (Lukas 1,46-55)

Marias Loblied zeugt von ihrer Freude über Gott und ihrer Bereitschaft zur Hingabe.

Kann ich mich über Gott freuen? Bin ich bereit, ihm mein Leben anzuvertrauen?

Maria spricht von ihrer Schwäche. Sie macht sich keine Illusionen über sich selbst: Sie ist auf Gott angewiesen. Maria ist eine Frau, die weiß, was sie kann und was sie nicht kann. Eine Frau, die Gott in ihre Schwäche hinein einlädt. Eine Frau, die dadurch Großes vollbringt.

Weiß ich, dass ich Gott brauche? Darf Gott in meiner Schwäche stark sein?

Maria hat nicht verlernt zu staunen. Sie jubelt über Gottes Größe und Gerechtigkeit.

Er stellt die Maßstäbe ihrer Umwelt auf den Kopf: Nicht die werden in Gottes neuer Welt regieren und groß sein, die in dieser Welt einen großen Namen haben. Maria hat gelernt, mit Gottes Augen zu sehen. Kann ich noch über Gott staunen? Lasse ich mir von ihm die Augen öffnen für das, was er in unserer Welt tun will? Bin ich wie Maria sensibel für soziale Ungerechtigkeit?

Maria preist Gottes Erbarmen und Treue.

Obwohl Gott so unendlich groß und mächtig ist, kann er es sich doch leisten, barmherzig zu sein. Er ist kein Gott, der nur hoch oben „schwebt“ und dem die kleinen Leute egal sind. Er verpflichtet sich seinen Menschen freiwillig. Er kümmert sich um die Bedürfnisse von denen, die um ihre Bedürftigkeit wissen, so wie Maria. Er ist treu bis in ferne Zukunft.

Glaube ich Gott, dass er auch mich in die Arme schließt?

6. Zacharias:
Glaube durchbricht das Schweigen

Zacharias und Elisabeth haben bereits ein langes, erfülltes Leben hinter sich, als Gott noch einmal ein ganz neues Kapitel aufschlägt.

Sie wohnen in dem kleinen Dörfchen Ein Kerem nahe bei Jerusalem, umgeben von grünen Hügeln und Weinbergen. Obwohl es ihnen gut geht, sind nicht alle ihre Wünsche in Erfüllung gegangen. Elisabeth kann keine Kinder bekommen. Das war für eine Frau in der damaligen Zeit ein schweres Schicksal. Doch die beiden lieben sich, und sie ehren Gott. Sie wünschen sich sehnlichst, noch mitzuerleben, wie Gott seine Verheißungen erfüllt und das Volk Israel mit dem versprochenen Erlöser beschenkt. Sie können zunächst nicht ahnen, wie nahe sie der Erfüllung dieser jahrhundertealten Sehnsucht des jüdischen Volkes sind.

Neben seiner Arbeit versieht Zacharias für zwei Wochen im Jahr als Priester seinen Dienst im Tempel. Er kommt aus dem Priesterstamm Levi, der in 24 Gruppen unterteilt ist. „Seine" Abteilung ist die von Abija, und wenn diese mit dem Dienst im Tempel an der Reihe ist, geht Zacharias hinauf nach Jerusalem.

Die verschiedenen priesterlichen Dienste werden ausgelost. Zacharias wird eine große Ehre zuteil, auf die manche seiner Priesterkollegen ein Leben lang vergeblich warten: Er darf im

Tempel das Weihrauchopfer am goldenen Räucheraltar darbringen.

Während der Weihrauch als Symbol für die Gebete des Volkes Israel aufsteigt, wird Zacharias vom Engel Gabriel überrascht.

Gabriel kündigt ihm überschwänglich und voller Freude die Geburt eines Sohnes an, dessen Name Johannes sein soll. Eigentlich ist es das Recht des Vaters, dem Kind einen Namen zu geben. Doch Gott hat Großes mit dem Kleinen vor und wird von Beginn an seine Hand auf das Kind legen. Das macht Gabriel mit seiner Botschaft ganz deutlich. Erfüllt mit dem Geist Gottes und voller Autorität wie einst der große Prophet Elia, wird Johannes die Herzen des Volkes Israel wieder Gott zuwenden. Er wird alles für die Ankunft des Erlösers, des Messias, vorbereiten.

✵ ✵ ✵

Zacharias kann die Begeisterung, die den Engel erfasst hat, nicht nachvollziehen. Er sieht nicht auf die Möglichkeiten, sondern nur auf die Unmöglichkeiten: Die biologische Uhr seiner Frau ist schon längst abgelaufen. Und auch er ist zu alt. Woher weiß er, dass der Engel recht hat?

Eigentlich ist die Reaktion von Zacharias unfassbar. Ein Wunder nach dem anderen geschieht doch gerade in seinem Leben: Er darf das Weihrauchopfer darbringen. Ein Engel erscheint ihm. Der Engel verspricht ihm das wundervolle Eingreifen Gottes im Leben seiner Familie und in der Geschichte seines Volkes. Doch Zacharias antwortet nur:

„Woran kann ich das erkennen? Denn ich bin alt und meine Frau ist auch schon in die Jahre gekommen!"

Was ist da los? Sind seine Hoffnungen von Gott so oft enttäuscht worden? Merkt Zacharias nicht, dass ihm ein Fenster in den Himmel geöffnet wurde? Wenn er Gottes Boten keinen Glauben schenkt, wem dann? Gerade er, der so oft mit „heiligen Dingen“ in Berührung kommt, dessen Aufgabe es ist, vor Gott für das Volk Israel einzutreten – sollte er nicht ein Glaubensheld, ein Vorbild sein?

Zacharias hat Gott lieb. Und dennoch kämpft er mit Zweifeln, Fragen und Ängsten. Trotz seiner Nähe zu Gott und allem, was er schon mit ihm erlebt hat, kann er manchmal ganz schön begriffsstutzig sein.

* * *

Gabriel reagiert auf die Frage von Zacharias etwas verschnupft. Er hält es für nötig, Zacharias wie einem kleinen, begriffsstutzigen Jungen zu erklären, wie die Lage aussieht:

Er, Gabriel, ist Gottes Held, Gottes Kraft. Er steht vor Gottes Thron. Seine Weisungen empfängt er direkt vom Schöpfer der Welt, der ihn höchstselbst zu Zacharias gesendet hat. Und Zacharias wagt es, seine Worte anzuzweifeln!

Obwohl Gott geduldig und barmherzig ist, haben Zacharias' Zweifel und Unglaube Konsequenzen: Zacharias wird sprachlos werden – nicht als Strafe, sondern als ein Zeichen für ihn selbst, dass tatsächlich alles so kommen wird, wie Gabriel es ihm mitgeteilt hat.

* * *

Die Leute, die im Vorhof des Tempels warten, bis Zacharias aus dem heiligen Bereich herauskommt und ihnen den Segen spendet, werden ungeduldig. Irgendetwas ist passiert, das spüren sie. Als Zacharias endlich vor sie tritt, aber keine Stimme mehr hat, wissen sie, dass er eine außergewöhnliche Begegnung mit der Heiligkeit Gottes hatte.

Sein von Gott verordnetes Schweigen schützt ihn davor, den neugierigen Betern etwas mitzuteilen, das lieber noch im Verborgenen bleiben soll.

Elisabeth, seiner Frau, wird er später aufgeschrieben haben, was er erlebt und der Engel zu ihm gesagt hat.

Sobald Elisabeths Schwangerschaft sichtbar zu werden beginnt, zieht sie sich aus der Öffentlichkeit zurück. Die Geburt ihres Sohnes wird noch früh genug Aufsehen erregen. Und so ist es denn auch: viele Freunde, Nachbarn und Verwandte – wahrscheinlich das ganze Dorf Ein Kerem – nehmen an dem Ereignis großen Anteil und sind auch beim Beschneidungsfest am achten Tag mit dabei. Die Beschneidung eines jüdischen Jungen und damit seine Aufnahme in den Bund, den Gott mit seinem Volk geschlossen hat, ist noch heute ein großes Ereignis für die Gemeinde, für Verwandte und Freunde.

Da der Name des Kleinen noch nicht verkündet worden war, drängen die Gäste darauf, ihn nach seinem Vater Zacharias zu nennen. Doch Elisabeth wehrt energisch ab. Sie weiß von dem Namen, den der Kleine von Gott selbst erhalten hat und tragen soll: Johannes.

Das jedoch können die Gäste und Gemeindeglieder nicht begreifen – gibt es doch niemanden in der Verwandtschaft, der so heißt! Da der Vater bei der Namensgebung das letzte Wort hat, fragen sie Zacharias aufgeregt gestikulierend, wie *er* denn das Kind nennen will. „Sein Name ist Johannes“ wiederholt Zacharias auf seiner Schreibtafel.

Er hat längst begriffen, dass Gott verlässlich ist, dass er zu seinem Wort steht und ihnen die Treue hält. Und auch er, Zacharias, will Gott neu vertrauen und ihm gehorsam sein. Neun Monate hatte er nun Zeit, das Wunder Gottes heranwachsen zu sehen. Mit dem Kind im Mutterleib ist auch sein Glaube gewachsen. Er weiß, dass sein kleiner Sohn eine wichtige Rolle in Gottes Plan zur Erlösung Israels spielen wird.

Zacharias hat viel Zeit gehabt, sich nach dem Grund seiner Zweifel zu fragen, in sein Herz hineinzuschauen, seinen Unglauben zu bereuen, sich von Gott heilen und neu ausrichten zu lassen. Durch Elisabeth hat er von der Begegnung mit Maria erfahren und staunend verstanden, dass der Messias Israels bereits zu seinem Volk unterwegs ist. Zacharias darf eine Zeit voller Wunder miterleben. Und er steht nicht mehr zweifelnd abseits, sondern stellt sich an die Seite Gottes. Seine Zunge wird gelöst. Er findet seine Stimme wieder, um Gott zu loben und von seinen Wundern zu erzählen:

„So barmherzig wendet sich Gott uns zu, ja, wie ein Sonnenaufgang, der die Dunkelheit vertreibt. Alle, die unter dem Todesschatten leben, können aufatmen. Er wird uns auf den Weg des Friedens führen.“ (Lukas 1,79)

7. Johannes:
Berufen zum Wegbereiter

Wer bist du,
einsamer Wanderer in der Wüste?

Du isst kein Brot,
trinkst keinen Wein,
nur was die Wildnis schenkt
ist deine Speise.

Die Leute kommen
dich zu betrachten
wie ein wunderliches Tier.

„Seht, da ist er, der Heuschrecken isst
und wilden Honig sammelt.
Der sich in Kamelhaut hüllt
und barfuß läuft."

Sie strömen in Scharen
zum Ufer des Jordan.
Sie hoffen,
und wissen nicht, auf was.

„Bereitet den Weg für Gott den Herrn",
sagst du,
und siehst ihre unverständigen Blicke.
„Ändert euer Leben. Gottes Herrschaft ist nahe.
Er selbst steht vor der Tür."

Du gibt Antwort auf verzweifeltes Fragen,
du nimmst kein Blatt vor den Mund.
Deine Worte sind so kantig, karg und klar
wie dein Leben.

Sie strömen in Scharen
zum Ufer des Jordan.
Sie bekennen ihre Schuld
und tauchen ein in ein neues Leben.

„Bist du der Messias?“,
fragen sie ängstlich und hoffnungsvoll.
Doch du willst nichts, was dir nicht zusteht.

„Ich tauche euch im Wasser unter.
Aber es ist schon einer auf dem Weg,
einer, der größere Macht hat als ich.
Er wird euch in die Wirklichkeit des Geistes
und in das Feuer hineintauchen.“

Eines Tages kommt er zu dir.
Er, dein Blutsverwandter.
Er, der Jüngere.
Er, auf dessen Schultern
eine Welt voll Hoffnung ruht.

„Du kommst zu mir?“,
fragst du erstaunt.
Du tauchst Ihn ein
in die Fluten des Jordan
und der Himmel öffnet sich.

Du bist Johannes,
der Bote, der den Weg bereitet.
Du bist der letzte der Propheten.
Du bist Elia,
zum zweiten Mal gekommen,
am Beginn einer neuen Zeit.

Und als du sterben musst
für deinen Mut
und deine kantigen, klaren Worte,
verraten und verkauft von den Mächtigen,

weißt du doch: Der Weg ist bereit,
die verschlungenen Pfade begradigt,
und Er, der sie geht,
weint um dich.

8. Die Reise:
Zwischen Bethlehem, Nazareth und Golgatha

Früh beginnt es,
dein unstetes Leben,
doch Reisen liegt dir im Blut.

Der Weg war weit
zwischen Himmel und Erde,
von Gottes Thron
zu deiner Mutter Leib.

Doch weiter noch
wird der Weg zum Herzen
deines Volkes sein.

In Ein Kerem bist du
mit deiner Mutter.
Nach Bethlehem
reist du mit deinen Eltern.
Geborgen im Bauch Marias,
weißt du noch nichts von deinem Weg.

Nach Ägypten musst du fliehen,
ein Kleinkind auf dem Rücken des Lasttiers.
Voll Neugier erforschst du
das fremde Land.

Nach Nazareth kehrst du zurück
an der Hand deines Vaters
und lebst ein Leben
wie andere jüdische Kinder auch.

Zu den Festen nach Jerusalem,
im Haus des Herrn, pilgerst du,
ein Junge im Kreis seiner Freunde,
geborgen im Schutz der Familie.

Galiläa durchwanderst du
auf den Spuren deines himmlischen Vaters,
der dir den Weg zeigt,
den du gehen sollst.

Vertrieben wirst du
von manchem Ort,
willkommen geheißen im nächsten,
und dein Haupt ruht unsanft
so manche Nacht.

Hinauf nach Jerusalem gehst du
gefolgt von deinen Freunden,
doch auf deiner letzten Reise
nach Golgatha
bist du allein.

9. Davids Familie:
Ein Bett in Bethlehem

Josef hatte die Zeit, die sie für die Reise von Nazareth nach Bethlehem brauchten, großzügig bemessen. Da Maria schon einige Monate schwanger war, hatten sie tagsüber nur kleine Etappen zurückgelegt und viel gerastet. Die Esel waren mit Vorräten, Kleidung und Geschenken für die Verwandtschaft in Bethlehem gut beladen. Jetzt zeigte sich, dass es weise gewesen war, auch einiges an persönlichen Dingen mitzunehmen. Denn ihr Aufenthalt in Bethlehem schien sich länger hinzuziehen als erwartet. Josef und Maria waren nun schon seit geraumer Zeit im Haus ihrer Verwandten in Bethlehem zu Gast. Und noch immer waren die römischen Steuereintreiber nicht eingetroffen. Wahrscheinlich waren sie in einer der anderen Provinzen, die zum römischen Reich gehörten, aufgehalten worden. Senator Publius Sulpicius Quirinius, der von Kaiser Augustus zum Statthalter der Provinz Syrien gemacht worden war, wollte das Steuersystem seines neuen Herrschaftsbereiches organisieren. Jeder Einwohner der Präfektur Judäa hatte in seinem Heimatort zu erscheinen, um sich dort von den Steuereintreibern in Listen erfassen zu lassen.

✵ ✵ ✵

An manchen Orten hatte es schon vereinzelt Widerstände und Aufruhr deswegen gegeben. Die Menschen wollten nicht noch höhere Abgaben entrichten. Auch in Bethlehem war die Stimmung angespannt. Josef hatte in den vergangenen Tagen

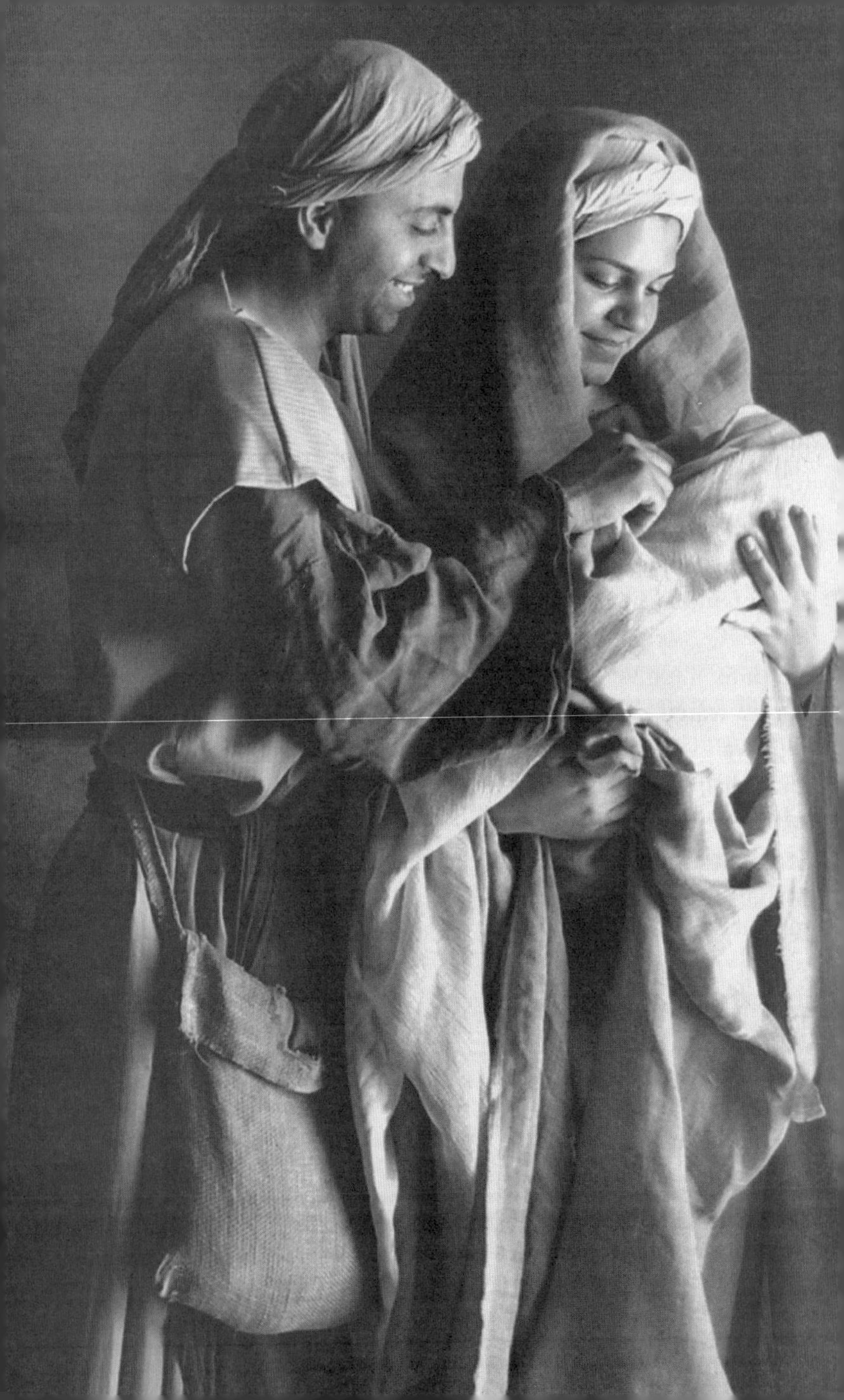

viel mit seinen Verwandten und Freunden diskutiert. Manche lehnten es striktweg ab, den römischen Fremdherrschern überhaupt eine Steuer zu entrichten. Nur Gott allein solle man Opfer bringen, sagten sie, und keinen anderen Herrn über Judäa anerkennen. Andere waren grundsätzlich bereit, sich dem Gesetz der Römer zu beugen. Sie hatten aber Schwierigkeiten damit, die Steuer in Münzen zu entrichten, die römische Gottheiten zeigten oder auf denen ein Bild von Kaiser Augustus zu sehen war, der sich selbst für einen Gott hielt. Das sei Blasphemie, meinten sie. Die Emotionen schlugen hoch, nicht nur auf dem Marktplatz, sondern auch in der Synagoge. Josef erkannte seinen Heimatort Bethlehem kaum wieder. In diesen Tagen glich er mehr einem Pulverfass als dem ruhigen, beschaulichen Ort, als den er ihn in Erinnerung hatte. Besonnenere Stimmen warnten allerdings davor, wegen der Volkszählung zu viel Aufhebens zu machen. Quirinius, so wussten sie, war in seiner Heimat ein gefeierter Kriegsheld. Er würde nicht zögern, mit seinen syrischen Legionen in Judäa einzumarschieren und mit allen Aufständischen kurzen Prozess zu machen.

Josef schwirrte bald der Kopf von all den widersprüchlichen Meinungen und erhitzten Diskussionen, die an jeder Straßenecke geführt wurden. Schon jetzt sehnte er sich nach dem Norden, nach Galiläa und ihrem Haus in Nazareth zurück. Bethlehem war einfach viel zu nah an Jerusalem. „Die Leute in Jerusalem und Bethlehem sind leicht auf die Palme zu bringen, und meist geht es dabei um Gott oder die Römer!“, sagten die Leute in Galiläa oft und schüttelten den Kopf über ihre hitzköpfigen Landsmänner im Süden. *Recht haben sie damit,* dachte Joseph.

Auch im Haus seiner Verwandten kam er kaum zur Ruhe. Dort ging es zu wie in einem Taubenschlag. Denn nicht nur er und Maria, sondern noch andere zugereiste Verwandtschaft hatte dort Unterschlupf gefunden. Dementsprechend laut und quirlig war es auch in den bescheidenen Räumlichkeiten. Josef machte sich Sorgen um Maria, die gar nicht so viel Aufregung in diesem Stadium ihrer Schwangerschaft haben sollte. So in Gedanken versunken, ging er vom Marktplatz nach Hause. Bald hatte er ihr Haus erreicht und trat ein. Die Tür knarrte, und bevor er sich an das Dämmerlicht im Inneren gewöhnt hatte, flog ein kleiner Junge auf ihn zu und in seine Arme.

„Onkel Josef, da bist du ja endlich! Es gibt gleich Essen ... und danach kannst du mit mir spielen!", rief der kleine Yehuda stolz.

Josef lachte und schwang den Kleinen hoch in die Luft, bevor er ihn wieder auf die Füße setzte. „Ja, das machen wir! Versprochen!", sagte er.

Yehuda strahlte übers ganze Gesicht und lief davon, zur Tür hinaus. „Yehuda! Hierbleiben! Das Essen ist fertig!", rief seine Mutter Hadassah energisch hinter ihm her.

Josefs Augen hatten sich endlich an das Halbdunkel gewöhnt. Ein paar Meter vor ihm öffnete sich der Eingang zu der in den Felsen gehauenen Höhle, die eigentlich für das Vieh bestimmt war. Hierhin hatte er sich mit Maria zurückgezogen. Doch vorher führten zu seiner Linken ein paar Stufen auf eine zweite Ebene, wo gekocht, gegessen und geschlafen wurde. In diesen Tagen, wo jedes Haus in Bethlehem überfüllt war, mussten hier 15 Menschen unterkommen. Josef war froh, dass er und Maria das Privileg bekommen hatten, sich allein in die darunterliegende Grotte zurückziehen zu dürfen. Die Körpertemperatur der Tiere, mit denen sie sich den Stall teilten, sorgte für eine angenehme Wärme, und sie hatten ihre Ruhe. Hin und wieder machten sich die zahlreichen Kinder der Verwandten einen Spaß, schlichen sich abends in die Höhle und erschreckten sie. Manchmal fanden sie am Morgen ein oder zwei Kinder zwischen sich schlafend vor, die die Nähe von Tante Maria und Onkel Josef der drangvollen Enge auf der oberen Wohnebene vorzogen.

Hadassah kam auf Josef zu. „Josef, bevor du zu deiner Frau gehst, muss ich dir etwas sagen!"

Eine sorgenvolle Falte erschien auf Josefs Stirn.

„Keine Angst, es ist alles in Ordnung!", versicherte ihm Hadassah schnell. „Aber Jael und ich sind der Meinung, dass es heute noch losgehen könnte. Wir haben uns Maria vorhin angesehen. Es sieht alles so aus, als ob du heute noch Vater werden würdest, so Gott will!"

Josef war erfreut und auch ein wenig erschrocken. Jetzt war es also so weit. Es war Marias erstes Kind. Hoffentlich würde alles gut gehen. Er ging in die Grotte unter der Wohnebene und fand Maria auf ihrer Schlafstatt vor. Sie hatte winzige Schweißperlen auf der Stirn. Josef hockte sich neben sie und strich ihr liebevoll über ihr Gesicht.

„Ach Josef, schön, dass du wieder da bist. Hadassah hat es dir sicher schon erzählt. Wir werden noch heute Eltern werden. Möge Gott uns gnädig sein!" Sie lächelte glücklich, aber etwas unsicher.

Josef drückte ihre Hand und antwortete: „Mach dir keine Sorgen. Alles wird gut werden. Gott vertraut uns einen Sohn an, der zu Großem berufen ist. Er wacht über dich!"

✵ ✵ ✵

Plötzlich ging alles ganz schnell. Nur wenige Stunden waren vergangen, seit Josef vom Marktplatz zurückgekehrt war. Als Marias Wehen in immer kürzeren Abständen kamen, hatten Hadassah und Jael den besorgten Josef aus der Grotte verscheucht und nach oben zu den Männern und Kindern geschickt. Eine Frau aus dem Dorf, die schon viele Säuglinge entbunden hatte, war gekommen und hatte festgestellt, dass es eine unkomplizierte Geburt werden würde. Zu dritt bemühten sie sich nun um Maria, die sehr tapfer war und gute Fortschritte machte. Dennoch drangen manche ihrer Schmerzensschreie bis nach oben zu den Männern. Josef wollte wiederholt aufspringen und zu seiner Frau eilen, doch die anderen Männer hielten ihn jedes Mal zurück und konnten ihn schließlich überreden, ein wenig Wein zur Entspannung zu trinken. Sie lachten und scherzten und klopften Josef gutmütig auf die Schulter. „Unsere Frauen wissen, wie man ein Kind zur Welt bringt. Nur Mut!“, rief Chaim fröhlich und nahm selbst einen großzügigen Schluck Wein. Jaakov riss sich ein Stück vom großen, dünnen Fladenbrot ab und versicherte Josef kauend: „Wenn das Kind erst mal da ist, hast du das alles hier vergessen. Hoffentlich wird es ein starker, stolzer Junge, der nicht vor den Römern buckelt!“ Dieser Satz fand lautstarke Zustimmung unter den übrigen Männern.

Der plötzliche Lärm ließ die spielenden Kinder in der Nähe erstaunt und etwas erschrocken zu den Erwachsenen hinüberblicken. Als sich die Aufregung etwas gelegt hatte, hörte man mit einem Mal aus der Grotte unter ihnen ein schwaches Krähen und dann ein Schreien, das immer kräftiger wurde. Josef wurde erst bleich und bekam dann einen hochroten Kopf.

Wenige Augenblicke später erschien Hadassah in der Öffnung der Grotte und stieg zu den Männern auf die Wohnebene hinauf. Sie strahlte übers ganze Gesicht und präsentierte Josef ein kleines schreiendes Bündel. Im Nu waren alle Männer auf den Beinen und umringten Hadassah und Josef, der entzückt und sprachlos das kleine Wesen in den Armen seiner Verwandten anstarrte. Nur das vom Schreien hochrote und verzerrte Gesichtchen und ein Ärmchen waren zu sehen, alles andere war gut verpackt. „Es ist ein Junge, Josef!“, sagte Hadassah. Die letzten Silben gingen schon in den Jubelrufen der Männer unter.

„Ich weiß ...“, sagte Josef und lächelte sie verschmitzt an. Dann berührte er mit seinem Zeigefinger vorsichtig die kleine filigrane Hand seines Kindes. In diesem Moment hörte der Kleine auf zu schreien. Die winzigen Fingerchen fanden Josefs großen Finger und schlossen sich fest darum, so als wollten sie ihn nie mehr loslassen.

Josef sah Maria ganz verzaubert dabei zu, wie sie zum ersten Mal den kleinen Jesus wickelte. Gerade erst vor einer Stunde hatte sie entbunden und den Kleinen bereits gestillt. Nun wollte sie es nicht Jael oder Hadassah überlassen, ihren Sohn zu wickeln. So, wie sie es unzählige Male zu Hause in Nazareth bei Verwandten und Nachbarn gesehen hatte, rieb sie den Kleinen mit Olivenöl ein und puderte ihn mit zerstoßenen Myrtenblättern. Dann legte sie ihn auf ein großes Stück Leinen und schlug die Enden über seinem Körper zusammen. Sie holte die bestickten langen Bandagen hervor, die ihre Mutter schon vor Monaten für ihren Enkel vorbereitet hatte. Sorgfältig umwickelte sie ihren Sohn damit, bis der kleine Jesus wie in einem weißen Kokon eingebettet war. In der festen Umhüllung fühlte sich der Säugling geborgen und fast wieder wie im Mutterleib. Dann legte Maria ihn in den steinernen Futtertrog, den sie mit Heu und Tüchern ganz weich ausgepolstert hatten. So gab er eine perfekte Schlafstatt für den kleinen Jesus ab. Die paar Ziegen und Schafe, der Ochse und der Esel, mit denen sie den Raum teilten, hatten ihre Futterration nun auf der anderen Seite der Grotte. Sie beäugten den kleinen neuen Mitbewohner, während sie seelenruhig und zufrieden auf ihrem Gras herumkauten.

Josef trat zu seiner Frau an die steinerne Futterkrippe. Beide sahen sie auf ihren Sohn hinunter, der satt und zufrieden schlummerte. „Was wird wohl aus ihm werden, Josef?", fragte Maria.

„Das steht in Gottes Hand", antwortete Josef und lächelte ihr zu.

10. Die Geburtsgrotte:

Eine Höhle für den Herrn der Welt

Nicht im Palast wurdest du geboren,
kein kostbares Tuch hat dich umhüllt.

Nicht von Dienern wurdest du umsorgt,
keine Amme hat deinen Durst gestillt.

Nicht auf den Straßen wurde deine Geburt verkündet,
keine Freudenfeste hat man dir zu Ehren ausgerichtet.

Nein.
Viel besser noch als das.

Dein Vater und deine Mutter
haben dich mit Sehnsucht erwartet.

Gott barg dich
im Mantel der elterlichen Liebe.

Im Schoß der Erde, in einer Felsengrotte
erblicktest du das Licht der Welt.

Dort, wo sonst nur das Vieh steht
und den Hausbewohnern Wärme spendet,

verbreitest du deinen hellen Schein
als greifbares Zeichen göttlicher Liebe.

Der Herr der Welt
scheut sich nicht vor dem,
was er geschaffen hat.

Die Erde, die Felsen, die Menschen, das Vieh,
all das erlebst du hautnah
als ein Gott, der herabsteigt.
Ein Gott, der seine Menschen nicht allein lässt.
Ein Gott, der seinen Menschen die Hand entgegenstreckt.
Ein Gott, der teilnimmt an ihrem Leben.

11. Die Krippe:
Ein König im Futtertrog

Eine von vielen.
In den Fels gehauen.
Mit Futter gefüllt.
Lebensspender für das Vieh.

Eine wie keine.
Sie trägt eine teure Last.
Statt Futterstelle
darf sie nun die Wiege
eines Königs sein.

Gekleidet in Marmor,
geschmückt mit Kerzen.
Die Krippe ist leer,
doch der in ihr schlief
wacht noch immer.

Von vielen besucht,
sehnsüchtig bestaunt,
statt Futtertrog
darf sie nun
beredtes Zeichen sein:
Das Kind ist König.

Der, der in der Krippe lag,
möchte in unseren Herzen
neu geboren werden.

12. Himmlische Boten:
Die Nacht wird hell

Der Winterregen ist endlich da. Seit einer Woche schon ist das lang ersehnte Nass vom Himmel gefallen. Frisches Gras zeigt sich auf den Feldern rings um Bethlehem und die sonst kahlen Hügel der judäischen Wüste überziehen sich mit einem zarten grünen Flaum. Vielleicht schon in einem Monat wird die Wüste anfangen zu blühen. Morgen wollen die Hirten mit ihren Schaf- und Ziegenherden, die für die Opfer am Jerusalemer Tempel bestimmt sind, durch die Hügel der judäischen Wüste ziehen. Sie müssen den Feldern rings um Bethlehem eine Ruhepause gönnen. Sie sind erleichtert: Das Überleben der Schaf- und Ziegenherden, für die sie verantwortlich sind, ist nach der langen Dürreperiode nun gesichert.

* * *

Es ist eine feuchte und kalte Nacht. Eine Gruppe Hirten hat vor einem Höhleneingang ein kleines Feuer gemacht. Einige schlafen hinten in der Grotte, andere sitzen am Feuer und wärmen sich, bereiten etwas zu essen zu oder behalten die kostbaren Herden im Auge.

Eleasar sitzt auf einem Felsbrocken etwas abseits vom Feuer. Er sieht in die Nacht hinaus und kann die Umrisse der Schafe und Ziegen ausmachen, die der Kälte wegen eng beieinander bleiben, um sich zu wärmen. Ein Schakal heult in den Tälern. Weitere schließen sich an. Sie wittern die Nähe der Herden. Eleasar fasst seinen mit Eisen beschlagenen Knüppel fester, der über seinen Knien liegt, und tastet nach der Schleuder an

seinem Gürtel. Die wird ihm allerdings nicht viel nützen, wenn er die Raubtiere in der Dunkelheit nicht sehen kann. Doch das Feuer wird sie auf Abstand halten, so hofft er zumindest.

Er sieht zum Nachthimmel hinauf. Es ist klar. Keine Wolke verdeckt die unzähligen Sterne, die wie Edelsteine am Himmel funkeln. Eleasar muss unwillkürlich daran denken, was ihm seine Großmutter einmal erzählt hat, als er noch ein kleiner Junge war. Damals hatte er seine Finger zum Nachthimmel gestreckt und sie gefragt: „Safta, was ist das da oben, die Punke, die so leuchten?"

„Das sind Gucklöcher, weißt du", hatte seine Großmutter geantwortet, „durch die wir einen Blick in Gottes Herrlichkeit werfen können."

„Wie sieht das aus, Gottes Herrlichkeit?", hatte Eleasar neugierig wissen wollen. „Ganz golden, und ganz hell, und ... ich kann es dir nicht beschreiben, mein Kleiner. Eines Tages wirst du es wissen, glaub mir!", hatte seine Safta, seine Oma damals geantwortet.

Und er glaubte ihr. Doch sie hatte nicht recht behalten. Er hatte nie die Herrlichkeit Gottes, geschweige denn irgendetwas von Gott gesehen oder gehört. Sein Leben war auch nicht so verlaufen, wie er es sich als kleiner Junge erträumt hatte. Seine Großmutter wäre traurig, wenn sie wüsste, was aus ihm geworden war. Diese Arbeit hier war zwar hart und nicht besonders ehrenhaft, aber sie war seine letzte Chance nach einem Leben voll verpasster Gelegenheiten, und zuweilen voller Lügen und Betrug. Er hatte fest vor, dieses Mal alles richtig und seine Arbeit gut zu machen.

✵ ✵ ✵

Eleasar schreckte hoch. Er hatte sich am Eingang der Höhle nahe beim Feuer zum Schlafen niedergelegt, und Boas hatte für ihn die Wache übernommen. Normalerweise konnten sie sich aufeinander verlassen, doch irgendetwas stimmte nicht, das spürte Eleasar ganz genau. Er lauschte in die Nacht hinaus. Alles war still. Er konnte es nicht fassen, was es war, das ihn so beunruhigte. Doch es schien ihm, als ob alles, selbst die Herden in der Nähe, die Schakale und andere Tiere der Nacht, ja die Nacht selbst den Atem anhielte. Es war wie die Stille vor dem Sturm.

Um ihn herum regten sich nun auch die anderen Hirten. Einer nach dem anderen wachte auf, hob verschlafen und verwundert den Kopf und sah umher. „Eleasar, was ist los? Ist Gefahr für die Herden im Anzug?“, rief der alte Meir herüber, der seine klammen und vor Kälte schmerzenden Glieder langsam aus seinem warmen Umhang befreite.

„Bleib liegen, Meir. Ich gehe nachsehen!“ Eleasar bedeutete dem Alten, ruhig zu bleiben, und erhob sich. Er ging ein paar Schritte in Richtung der Herden, wo er im Mondlicht die Silhouette von Boas ausmachen konnte, der auf einem Felsvorsprung hockte. Plötzlich versperrte ihm ein hochgewachsener, kräftiger Mann den Weg. Eleasar hatte ihn nicht kommen sehen und schrie vor Schreck auf. Boas, der am weitesten weg war, kam sofort herübergelaufen, und dicht hinter sich hörte Eleasar die erstaunten und erschrockenen Ausrufe seiner übrigen Freunde. Alle konnten den Mann sehen. Wo war er hergekommen? Eleasar spürte eine Wärme wie von einem Feuer von ihm ausgehen. In Sekundenbruchteilen wurde es hell um den Mann herum. Ja, die ganze Gegend war mit einem Mal taghell, obwohl bis zum Sonnenaufgang noch viele Stunden vergehen würden. Eleasar hörte wilde Schreie um sich herum, und eine kleine Ewigkeit schien zu vergehen, bis er merkte, dass er selbst es war, der am lautesten schrie. Er hatte Todesangst. Die Helligkeit und die Wärme wurden so intensiv, dass Eleasar meinte, er müsse verbrennen. Er fiel zu Boden, mit dem Gesicht nach unten, und hielt seine Arme schützend über den Kopf.

Obwohl das alles eine Ewigkeit zu dauern schien, waren es doch nur wenige Sekunden, bis sie alle plötzlich eine kräftige, klare und beruhigende Stimme hörten. *„Habt keine Angst!“*

Sofort wurde es still. Die Schreie verstummten, die Todesangst und Furcht war mit einem Mal von den Hirten gewichen, wie ein Bann, der gebrochen war. Eleasar wagte es, den Kopf zu heben und den Mann anzusehen, der gesprochen hatte.

„Ich bin hier, um euch eine wunderbare Nachricht zu bringen!“, fuhr er fort.

Der alte Meir wickelte sich erwartungsvoll aus seinem Umhang und stand etwas unsicher und mit zittrigen Beinen auf. Auch die anderen erhoben sich oder kamen aus ihren Verstecken. Eleasar, der dem Mann am nächsten war, stand vom Boden auf und wich vorsichtshalber ein paar Schritte zurück, um ihn aus sicherer Entfernung betrachten zu können.

„Große Freude bedeutet sie für alle Menschen. Heute ist für euch der Weltenretter geboren, der Messias, der rechtmäßige Herr, und zwar in dem Heimatort von David. Und das kann euch als Zeichen dienen: Ihr werdet ein Baby finden, das in Windeln eingewickelt in einem Futtertrog liegt.“ Bei diesen Worten breitete der Mann, der niemand anderes als ein Bote Gottes sein konnte, einladend und fröhlich die Hände aus. Im nächsten Moment schien es Eleasar, als habe jemand einen Vorhang weggezogen, wie den großen Vorhang, der zu allen Zeiten das Allerheiligste im Tempel verbarg. Überall auf dem erleuchteten Feld um sie herum und über die angrenzenden

Hügel verteilt sahen sie zahllose weitere Botschafter Gottes: groß, majestätisch und Ehrfurcht gebietend, wie eine mächtige Armee des Himmels. Sie standen so selbstverständlich da, als wären sie schon die ganze Zeit über dagewesen, und Eleasar hätte sie einfach übersehen. Nun hatte Gott ihm und seinen Freunden die Augen aufgetan. In diesem Moment schossen ihm die Worte seiner Großmutter durch den Kopf: „Gottes Herrlichkeit ist ganz golden, und ganz hell, und ... ich kann es dir nicht beschreiben. Eines Tages wirst du es wissen, glaub mir!“ Jetzt wusste er, was seine Großmutter gemeint hatte, und es war tatsächlich unbeschreiblich.

„Gott gehört alle Ehre in den höchsten Höhen!“, drang es da an sein Ohr, ein Gesang aus tausend Kehlen, der anschwoll wie zu einem mächtigen Brausen und ihm einen Schauer über den Rücken jagte. So eine wundervolle Musik hatte er noch nie zuvor gehört, nicht einmal im Tempel, wenn die Priester die silbernen Trompeten bliesen und die Gesänge mit Zimbeln, Zithern und Harfen begleiteten.

„Sein Friede kommt zu den Menschen, die nach seinem guten Willen leben“, sang das Heer der himmlischen Boten. Als der letzte Ton verklungen war, verschwanden die Heerscharen von Engeln plötzlich. Auch der Mann direkt in Eleasars Nähe war von einer Sekunde zur anderen nicht mehr zu sehen.

Die Hirten schwiegen lange, noch ganz verwirrt und ergriffen von den Ereignissen und sahen in die Nacht hinaus. Es war wieder dunkel. Der Mond schien. Ein Hund bellte im nahe gelegenen Dorf. Ein Schakal heulte im Tal. Einige Schafe blökten leise. Es war gerade so, als sei nichts passiert.

Gott hat den Vorhang zugezogen, dachte Eleasar bedauernd, *seine Herrlichkeit ist wieder vor meinen Augen verborgen.*

Doch ... was hatte der Engel gesagt – der lang ersehnte Messias ist da? Ein Neugeborenes in einem Futtertrog? In dieser Nacht, einer Nacht wie so viele? In dieser Nacht, einer Nacht wie keine andere, war Gottes Herrlichkeit in Bethlehem zur Welt gekommen!

Boas war unbemerkt herangetreten, legte seine Hand auf Eleasars Schulter und riss ihn aus seinen Gedanken. Zu den übrigen gewandt sagte er mit lauter Stimme: *„Los, lasst uns nach Bethlehem gehen! Wir wollen unbedingt sehen, was wir gehört haben!“*

Da lösten sich alle aus ihrer Erstarrung, schwenkten ihre Stäbe jubelnd über ihren Köpfen und rannten aufgeregt los in Richtung Bethlehem, so schnell ihre Füße sie trugen.

13. Die Hirten:
Erfüllt von Gottes Herrlichkeit

Der Hirtenberuf war zur Zeit Jesu nicht besonders angesehen. Die Arbeit der Hirten brachte es mit sich, dass sie ein unstetes Leben führten und den größten Teil des Jahres mit ihren Herden unterwegs zu neuen Weidegründen waren. Vielleicht wurden sie deshalb von der sesshaften Dorf- und Stadtbevölkerung argwöhnisch beäugt. Gemieteten bzw. angeheuerten Hirten wurde nicht selten unterstellt, dass sie sich so manches Tier der Herde unrechtmäßig aneigneten, verkauften oder die Tiere sich über fremde Felder hermachen ließen. Hirten waren vor Gericht nicht als Zeugen zugelassen.

Andererseits waren die großen Väter des jüdischen Volkes selbst meist Herdenbesitzer oder Hirten gewesen, so z. B. Mose, Abraham, Jakob und David. David, der große König Israels, vergleicht im 23. Psalm Gott mit einem Hirten, der seine Herde durch dick und dünn begleitet und sie zu guten Weidegründen führt. Davids Nachkomme – Jesus, der Messias – bezeichnet sich selbst als guten Hirten, der sogar bereit ist, sein Leben für die zu opfern, die ihm anvertraut sind.

* * *

Der Evangelist Lukas erzählt eindrücklich, wie Gott zu denen kommt, die in mancherlei Hinsicht „außen vor“ sind – in diesem Fall die Hirten, die draußen auf den Feldern um Bethlehem die ihnen anvertrauten Herden bewachen müssen. Gott macht keine Unterschiede – er erscheint den angesehenen Ge-

lehrten und Sternkundigen aus dem Osten, wie Matthäus es berichtet. Und er erscheint den einfachen Menschen, die eher am unteren Ende der gesellschaftlichen Rangordnung stehen, so wie den Hirten. Gott will alle zu sich ziehen. Er will, dass alle an der Erlösung, Befreiung und dem Frieden teilhaben, der in seinem Sohn Jesus auf die Erde kommt. Das drücken die Engel in ihrer Botschaft aus: *„Sein Friede kommt zu den Menschen, die nach seinem guten Willen leben."* (Lukas 2,14) Entscheidend ist nicht der gesellschaftliche Status, die Bildung oder wie das eigene Leben bisher verlaufen ist. Entscheidend ist die Sehnsucht nach Gott, der Wille, ihm zu folgen und seinen Messias Jesus anzubeten.

Die Hirten dürfen sehen, was den Augen sonst verborgen ist. Der „Vorhang vor dem Allerheiligsten" wird weggerissen, und sie werfen einen Blick in die dahinterliegende Wirklichkeit.

Wir können annehmen, dass uns Gottes unsichtbare Realität zu allen Zeiten umgibt, doch nur manchmal ist es uns erlaubt, sie auch wahrzunehmen.

Vielleicht könnten wir es auch gar nicht ertragen, wenn wir uns z. B. ständig der „Wolke von Zeugen" (Hebräer 12,1) bewusst wären – der Menschen, die uns im Glauben vorausgegangen sind –, die an Gottes Seite in der himmlischen Wirklichkeit leben dürfen, die unsere Welt umfasst. Die Bibel berichtet an manchen Stellen davon, wie Menschen zuweilen diese Erfahrung machen, dass ihnen die Augen geöffnet werden und sie sehen, was wirklich um sie herum vorgeht. Es ist kein Einzelfall, dass die Hirten die himmlischen Boten, die sie umgeben, plötzlich wahrnehmen können:

„Und es begab sich, als Josua bei Jericho war, dass er seine Augen aufhob und gewahr wurde, dass ein Mann ihm gegenüberstand und ein bloßes Schwert in seiner Hand hatte ... Er sprach: ‚Ich bin der Fürst über das Heer des Herrn und bin jetzt gekommen.' Da fiel Josua auf sein Angesicht zur Erde nieder ..." (Josua 5,13f.)

„Elisa sprach: ‚Fürchte dich nicht, denn derer sind mehr, die bei uns sind, als derer, die bei ihnen sind!' Und Elisa betete und sprach: ‚Herr, öffne ihm die Augen, dass er sehe!' Da öffnete der Herr dem Diener die Augen und er sah, und siehe, da war der Berg voll feuriger Rosse und Wagen um Elisa her." (2.Könige 6,16f.)

✵ ✵ ✵

Die Hirten zweifeln nicht an der Botschaft der Engel. *„Los, lasst uns nach Bethlehem gehen!"* (Lukas 2,15) ist ihre Reaktion. Sie wollen Gottes Wunder mit eigenen Augen sehen und sind begeistert, dass ihnen das Privileg zuteil wird, die Erfüllung der jahrhundertealten Prophezeiung mit eigenen Augen zu sehen. Die Prophezeiung, die besagt, dass der Messias Israels wie ein Hirte auftreten und sein Volk in Frieden leiten wird:

„Und du, Bethlehem Efrata, die du klein bist unter den Städten in Juda, aus dir soll mir der kommen, der in Israel Herr sei, dessen Ausgang von Anfang und von Ewigkeit her gewesen ist. Indes lässt er sie plagen bis auf die Zeit, dass die, welche gebären soll, geboren hat ... Er wird auftreten und weiden in der Kraft des Herrn und in der Macht des Namens der Herrn, seines Gottes. Und sie werden sicher wohnen ... und er wird der Friede sein." (Micha 5,1ff.)

Die Hirten lassen alles stehen und liegen und laufen, so schnell sie können, nach Bethlehem. Der Engel hat ihnen ein untrügliches Zeichen genannt, anhand dessen sie den neugeborenen Messias erkennen können. Sicher gab es in dieser Nacht in Bethlehem mehrere Säuglinge, die, wie es damals üblich war, mit langen Leinenbinden eingewickelt waren, durch die den Kindern Geborgenheit vermittelt wurde. Aber es gab nur *ein* Kind, das neu geboren war und gewickelt in einem steinernen *Futtertrog* lag. Es dürfte nicht allzu schwer für die Hirten gewesen sein, das Kind aufgrund der genauen Beschreibung des Engels zu finden.

Nachdem sie das Baby und seine Eltern besucht, sich genug gefreut und gewundert hatten, erzählen sie, noch ganz erfüllt von dem Erlebten, auch anderen von der Botschaft der Engel und der Geburt des Messias. Sicher werden sie nicht nur in dieser Nacht, sondern auch in den kommenden Tagen ihre Geschichte wieder und immer wieder erzählt haben. Sie können nicht schweigen. Ihr Herz quillt über, und ihr Mund sprudelt nur so heraus, was sie gehört, gesehen und mit Gott erlebt haben. Ihre Freude, ihr kindliches Staunen und ihre Begeisterung sind ansteckend: *„Alle, die von diesen Ereignissen hörten, staunten über das, was die Hirten ihnen erzählten."* (Lukas 2,18)

Obwohl die Hirten sicher auf „Wolke sieben" schwebten, gehen sie doch in derselben Nacht, in der all diese außergewöhnlichen Wunder passiert sind, wieder zurück in ihr „gewöhnliches“ Leben – an ihren Arbeitsplatz, zu den Herden, die ihnen anvertraut sind: *„Die Hirten kehrten wieder zurück auf das Feld.“* (Lukas 2,20)

Sie werden nicht weltfremd. Sie sind sich auch nicht zu schade für ihre alte Arbeit. Das ist das, was Gott ihnen anvertraut hat. Dort, an ihrem Arbeitsplatz, ist er ihnen begegnet und hat sie gesegnet. Ihre Arbeit ist „geheiligt“, denn Gott ist mit dabei. Die Hirten sind sich bewusst, dass Gott sie sieht und mit ihnen geht. Zurück im Alltag, lassen sie sich jedoch nicht so schnell wieder einfangen von den täglichen Sorgen und Problemen, sondern bewahren sich, was Gott Wunderbares in ihrem Leben getan hat:

„Dabei gaben sie Gott alle Ehre, sie lobten ihn wegen allem, was sie gehört und gesehen hatten.“ (Lukas 2,20)

14. Bethlehem:
Klein und doch so groß

Still liegst du da
und träumst,
eingehüllt in den Mantel der Nacht,
gekrönt mit tausend Sternen,
umkränzt von Feldern,
auf denen Schafe friedlich ruhn.

Die Nacht aller Nächte,
sie ist da,
doch du
merkst es nicht.

Hirten kommen gelaufen,
Weise bringen ihre Gaben,
Mörder suchen dich heim
um dessen willen,
der in deiner Mitte
geboren ist.

Wach auf, Bethlehem!
Schlaf nicht länger!
Der, der dich rettet,
der, der dir Frieden bringt,
ist da.

Freue dich, Bethlehem!
Heb deinen Blick empor!

Du bist klein
und doch so groß
in Gottes Augen.

Der, der auch dich
weiden will,
der, der dich liebt,
der, der in Schwachheit
geboren wurde,
wird wiederkommen
in Kraft.

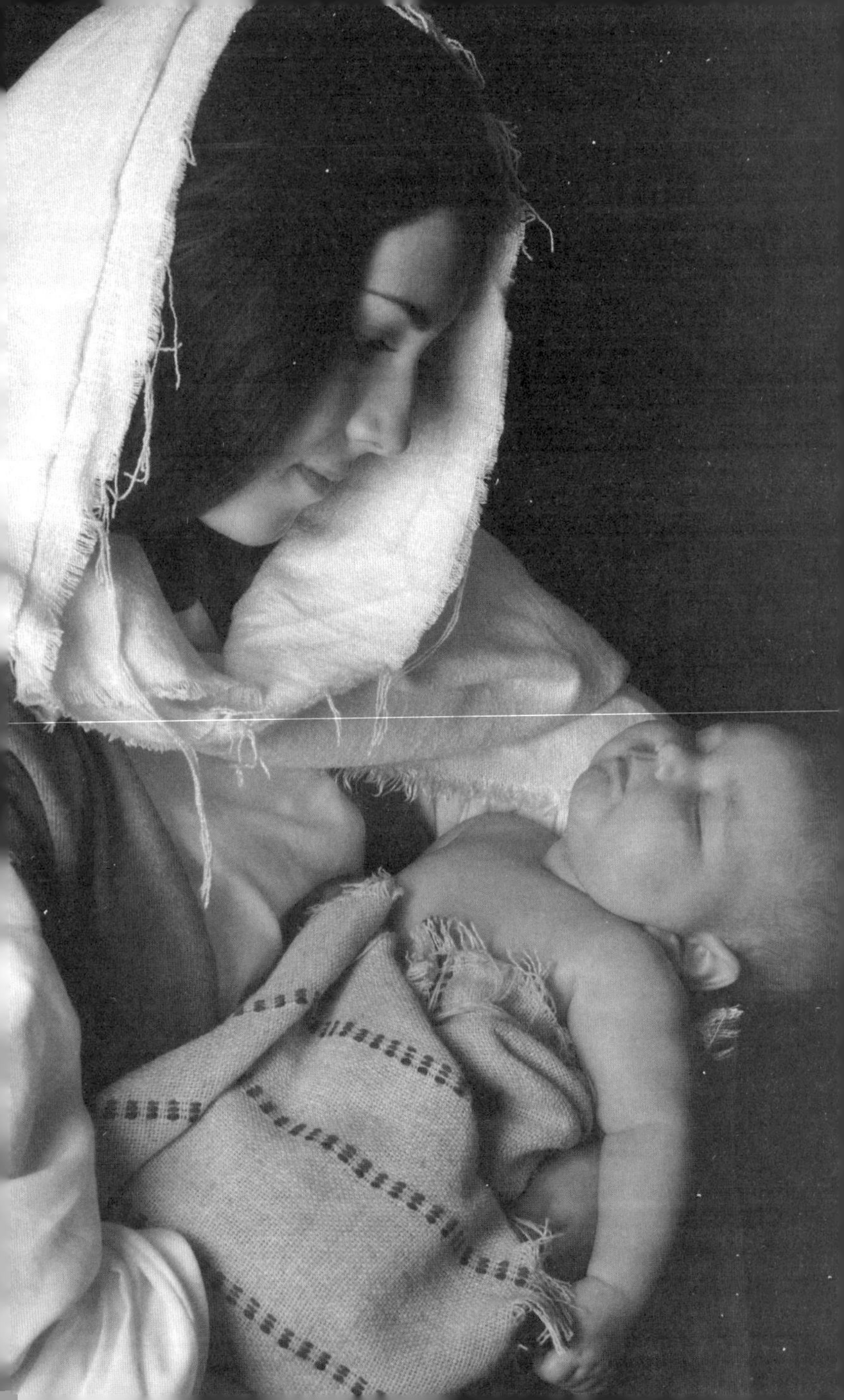

15. Das Kind:

Im Zeichen von Krippe und Kreuz

gern wär ich dabei gewesen
in jener wundervollen Nacht

hätte staunend dich betrachtet
in dein winziges Gesicht geschaut

der große Gott ganz klein
in Tücher gewickelt
schläfst du im Trog aus Stein

gern wär ich dabei gewesen
in jener wundervollen Nacht

hätte mich gebeugt
vor dem kindlichen König

der Herrscher der Welt
ganz demütig
besuchst du deine Schöpfung

gern wäre ich dabei gewesen
an jenem schreckensvollen Tag

hätte traurig dich betrachtet
in dein geschundenes Gesicht geschaut

der mächtige Gott so zerschlagen
in Tücher gewickelt
schläfst du im kühlen Felsengrab

gern wäre ich dabei gewesen
in jenen frühen Morgenstunden

hätte mich zu Boden geworfen
vor dem, der das Totenreich durchschritt

der Überwinder der Finsternis
der Sprenger aller Ketten
mächtig und herrlich erlöst du deine Schöpfung

16. Daheim und im Tempel: Familienereignisse

Heute war ein großer Tag. Josef unterhielt sich stolz mit Chaim und Jaakov, während Hadassah und Jael der aufgeregten Maria halfen, alles für das Beschneidungsfest vorzubereiten. Vor acht Tagen hatte Maria ihr Kind zur Welt gebracht. Josef und sie hatten entschieden, nicht sofort nach Nazareth zurück zu reisen, da Maria noch etwas geschwächt von ihrer ersten Geburt war. So würde ihr kleiner Sohn heute im Haus der Verwandten in Bethlehem durch die Beschneidung in den Bund aufgenommen werden, den Gott vor langer Zeit mit Abraham und seinen Nachkommen geschlossen hatte. Das war ein großes Ereignis, zu dem Verwandte, Freunde und Nachbarn ins Haus kommen würden. Auch Hannah und Jojakim, Marias Eltern, waren aus Nazareth angereist. Und wahrscheinlich würde im Lauf des Tages halb Bethlehem vorbeischauen, um den stolzen Eltern zu gratulieren und das Kind zu sehen. Während die Frauen das festliche Essen zubereiteten, das es im Anschluss an die Zeremonie geben würde, trafen die Männer die letzten Vorbereitungen für die Ankunft des Mohel, des Beschneiders.

* * *

Maria gab den Kleinen etwas zögerlich aus den Händen. Er wurde einige Male vorsichtig weitergereicht, bis er schließlich im Arm des stolzen Vaters zu liegen kam. Josef wiederum leg-

te das kleine Bündel behutsam auf den Schoß seines Vaters Jakob. Der Großvater betrachtete seinen Enkel einen Moment lang liebevoll, bevor er den ausgebildeten Mohel seine Pflicht tun ließ. Nach der Beschneidung wurde der Name des Kleinen, Jeschua, laut vor allen Anwesenden verkündet. Nur wenige der im Raum Anwesenden wussten, dass ein himmlischer Bote, ja Gott selbst, bereits vor vielen Monaten dem Kind seinen Namen gegeben hatte.

Josef betete: „Gelobt seist du, Ewiger, unser Gott, König der Welt, der du uns durch deine Gebote geheiligt und befohlen hast, den Sohn in den Bund unseres Vaters Abraham aufzunehmen."

Der Kleine wurde unter Jubel und fröhlichem Gelächter seiner Mutter zurückgegeben. Nun wollte jeder der Erste sein, der den glücklichen Eltern zur Brit Milah, zur Aufnahme ihres Kindes in den Bund Gottes mit seinem Volk, gratulierte.

„Möge dieser Kleine groß werden!", rief Jakob, der Großvater, mit lauter, kräftiger Stimme, und umarmte seinen Sohn.

Josef lächelte dankbar. „Du weißt gar nicht, wie recht du hast, Vater", murmelte er, doch der schwerhörige Jakob hatte sich schon seinem Enkel zugewandt, der in Marias Armen eingeschlafen war.

* * *

„Sollen wir diese beiden nehmen? Ich finde sie am schönsten!" Maria zeigte auf zwei kleine Palmtäubchen, die zusammen in einem Käfig saßen und leise gurrten. „Das ist mir gleich. Solange sie makellos sind!", erwiderte Josef mit einem fragenden Blick auf den Händler, der ihm sofort versicherte: „Alle Opfertiere, die Sie an meinem Stand hier im Tempel kaufen können, haben die allerbeste Qualität und werden von den Priestern anstandslos als Opfer zugelassen!"

„Schon gut, schon gut ...", brummte Josef und warf das abgezählte Geld auf den Tisch. Maria legte Josef den kleinen Jesus in die Arme, nahm den Käfig mit den Täubchen und ging zum Hof der Frauen hinüber. Vierzig Tage waren seit der Geburt ihres Sohnes vergangen. Nach dem Gesetz von Mose war heute die Zeit ihrer Reinigung zum Ende gekommen und sollte mit einem Opfer im Tempel abgeschlossen werden. Einige der wohlhabenderen Frauen um sie herum brachten den Priestern gutgenährte Lämmer zur Schlachtung. Maria dachte an all die großen Worte, die bisher über ihrem Sohn ausgesprochen worden waren, und sah beschämt auf die schmächtigen Tauben in ihrer Hand. Wenn ihr Sohn von Gott so gesegnet war, sollte ihr Opfer dann nicht angemessener sein? Andererseits sah sie um sich herum viele Frauen so wie sie, die sich ebenfalls nur ein Paar Täubchen leisten konnten. Und auf die Größe des Opfertieres kam es Gott ja auch nicht an, versuchte sich Maria zu überzeugen. Doch es wollte ihr nicht recht gelingen. Da kamen ihr aus heiterem Himmel die Worte in den Sinn, die Gott einmal zu Samuel, einem der großen Richter und Propheten Israels, gesagt hatte: „Ein Mensch sieht, was vor Augen ist; der Herr aber sieht das Herz an." Marias Herz wurde wieder froh, und mit leichten Schritten ging sie zu einem der Priester hinüber, um stolz ihr Opfer zu präsentieren.

✵ ✵ ✵

„Meine Frau gebar mir diesen erstgeborenen Sohn." Josef zeigte auf das Kind in den Armen seiner Frau und wandte sich dann wieder dem Priester zu.

Josef und Maria waren auch deshalb in den Tempel gekommen, um ihren Sohn, der wie jeder Erstgeborene Gott geweiht war, auszulösen.

Der Priester antwortete mit großer Ernsthaftigkeit, obgleich er diese Frage heute schon vielen anderen Vätern gestellt hatte: „Was willst du lieber haben, diesen deinen erstgeborenen Sohn oder die fünf Schekel, die du als Lösegeld für ihn zu geben verpflichtet bist?“

„Meinen erstgeborenen Sohn habe ich lieber. Hier hast du fünf Silberstücke als sein Lösegeld!“, antwortete Josef und betete dann feierlich: „Gelobt seist du, Ewiger, unser Gott, König der Welt, der du uns geheiligt hast durch deine Gebote und uns die Auslösung des Sohnes befohlen hast.“

Josef übergab die Silberstücke dem Priester, der erklärte „Dein Sohn ist ausgelöst!“ und die Familie mit einem Segen entließ.

Das junge Paar strebte mit dem Kind in den Armen durch die prachtvollen Säulenhallen des Tempels dem Ausgang entgegen. Da hatte Maria das Gefühl, als würde sich plötzlich ein Gedanke in ihrem Kopf niederlassen, so leicht und mühelos, wie eine Feder vom Himmel zur Erde schwebt. Sie dachte an Hanna, die ihren kleinen Sohn Samuel damals im Heiligtum in Silo dem Herrn geweiht hatte.

Fast lautlos flüsterte sie, noch bevor sie den Ausgang erreichten: „Er ist dein, Herr. Auch wenn wir ihn ausgelöst haben. Er ist dir geweiht, sein Leben lang.“

17. Jesus:
Der Sohn des Bundes

Was Lukas in seinem Evangelium über die Zeit direkt nach der Geburt von Jesus berichtet (2,21-24), spiegelt wider, dass Maria und Josef gläubige Juden waren. Sie bemühten sich, die Gesetze zu beachten, die Gott dem Volk Israel gegeben hatte.

So feierten sie am achten Tag nach der Geburt von Jesus die „Brit Milah", den Bund der Beschneidung. Jesus wurde, wie andere männliche jüdische Säuglinge auch, durch diese Beschneidung in den Bund Gottes mit seinem Volk aufgenommen. Damit kam die Familie von Jesus dem Auftrag nach, den Gott einst Abraham gegeben hatte:

„Das aber ist mein Bund, den ihr halten sollt zwischen mir und euch und deinem Geschlecht nach dir: Alles, was männlich ist unter euch, soll beschnitten werden. Das soll das Zeichen sein des Bundes zwischen mir und euch. Jedes Knäblein, wenn's acht Tage alt ist, sollt ihr beschneiden bei euren Nachkommen." (1. Mose 17,10ff.)

Die Beschneidung geschah meist zu Hause, im Kreis der Familie, und war (und ist bis heute) ein fröhliches Ereignis, verbunden mit einem Fest.

Dabei wurde auch der Name des Kindes öffentlich genannt. Der Evangelist Lukas betont, dass das Kind den Namen bekam, den Gott schon zuvor für ihn ausgesucht und Maria durch den Engel verkündigt hatte: Jesus bzw. Jeschua in der hebräischen

Form, was so viel bedeutet wie: „Gott rettet“ oder „Gott ist Hilfe, Erlösung“.

Jeschua (Jesus), in anderer Form auch Jehoschua (Josua), war ein Name, der damals durchaus geläufig war. Bei seiner Verurteilung im Prätorium von Pilatus wird Jesus viele Jahre später z. B. auf einen Jesus Barabbas treffen.

Und dennoch war der Name im Fall des kleinen Jesus, der in Bethlehem geboren wurde, Programm: eines Tages würde Gott durch ihn Rettung, Heil und Erlösung für alle Menschen schenken.

* * *

Auch die jüdischen Reinheitsgesetze, die Gott dem Volk Israel durch Mose gegeben hatte, spielten im Umfeld der Geburt Jesu eine Rolle:

„Wenn eine Frau empfängt und einen Knaben gebiert, so soll sie sieben Tage unrein sein ... Und am achten Tage soll man ihn beschneiden. Und sie soll daheim bleiben dreiunddreißig Tage im Blut ihrer Reinigung. Kein Heiliges soll sie anrühren und zum Heiligtum soll sie nicht kommen, bis die Tage ihrer Reinigung um sind ... Und wenn die Tage ihrer Reinigung für den Sohn oder für die Tochter um sind, soll sie dem Priester ein einjähriges Schaf bringen zum Brandopfer ... Vermag sie aber nicht ein Schaf aufzubringen, so nehme sie zwei Turteltauben oder zwei andere Tauben ...“ (3. Mose 12,2ff.)

So war Maria nach der Geburt zunächst sieben Tage „unrein“. Das hat nichts mit „schmutzig“, „schuldig“ oder „sündig“ zu tun. „Unrein“ bezeichnet nur einen Status der „rituellen Unreinheit“ bzw. eine Phase, während der die jüdische Frau oder der jüdische Mann nicht an gottesdienstlichen Handlungen teilnehmen konnte. Die unmittelbaren Tage nach der Geburt waren z. B. eine solche Zeit.

Am achten Tag trat Maria dann in eine Phase ein, in der sie auf einer niedrigeren Ebene „unrein“ war: Dreiunddreißig Tage war sie nun rein für alle alltäglichen Dinge, aber noch immer war es nicht angebracht, den Tempel zu betreten oder heilige Objekte zu berühren. Am vierzigsten Tag ging sie dann zum Tempel, wie es Lukas beschreibt, um dort das Reinigungsopfer zu bringen, das den Abschluss der Phase der rituellen Unreinheit markierte.

Zur selben Zeit konnte Josef dann seinen erstgeborenen Sohn auslösen bzw. loskaufen. Auch das war ein Gesetz, das zurückging bis auf die Zeit der Gefangenschaft des Volkes Israel in Ägypten:

„Und der Herr redete mit Mose und sprach: Heilige mir alle Erstgeburt bei den Israeliten; alles, was zuerst den Mutterschoß durchbricht bei Mensch und Vieh, das ist mein ... Darum opfere ich dem Herrn alles Männliche, das zuerst den Mutterschoß durchbricht, aber die Erstgeburt meiner Söhne löse ich aus.“ (2. Mose 13,1f.,15)

Dieser Loskauf war eine gottesdienstliche Handlung, die unter Mitwirkung des Priesters am Tempel stattfand und ein symbolisches Opfer von einigen Silberstücken erforderte. Doch Jesus war und blieb Gott geweiht, von seiner Geburt an, sein Leben lang. Er trug das Zeichen des Bundes. Er war ein Sohn Abrahams, Isaaks und Jakobs. Er war der Nachkomme Davids, der eines Tages alle in den Bund Gottes mit *„den Menschen, die nach seinem guten Willen leben"* hineinholen würde.

18. Simeon und Hanna:
Begegnung mit dem Licht der Welt

Noch bevor Maria und Josef im Tempel das Opfer für die Reinigung und für den Loskauf ihres Sohnes bringen konnten, hatten sie gleich zwei seltsame, bedeutungsvolle Begegnungen:

Lukas berichtet, wie sie Simeon und Hanna treffen, zwei betagte Leute mit einer außergewöhnlichen Sensibilität für Gottes Geist und sein Reden (2,25-38).

Nicht immer geht mit höherem Alter auch größere Weisheit oder Erkenntnis Gottes einher.

Doch bei diesen beiden war das eindeutig der Fall.

* * *

Schon sein ganzes Leben lang hatte Simeon gehofft, dass Gott ein besonderes Versprechen einlösen würde, das er ihm einmal gegeben hatte: Er dürfte den großen Tag in der Geschichte des Volkes Israel miterleben, wenn der Messias, der von Gott gesandte Retter, käme.

Voller Sehnsucht und Ungeduld wartete Simeon nun darauf. Er war in der ganzen Stadt Jerusalem angesehen, denn er war gottesfürchtig und lebte auch danach. Die Leute wussten: bei Simeon gibt es keine dunkle Seite. Seine Taten und Worte stimmten überein. Er lebte vollkommen authentisch.

In Simeon begegnete den Menschen etwas von Gott selbst. Die Menschen spürten, dass er vom Geist Gottes erfüllt war

und mit Gott in enger Gemeinschaft lebte. Sie achteten ihn sehr.

✵ ✵ ✵

Eines Tages wurde Simeon von Gottes Geist gedrängt, zu einer bestimmten Zeit in den Tempel zu gehen. Er hinterfragte das nicht, sondern ging einfach los. Er hatte schon große Übung darin, auf Gottes Stimme zu hören. Auf dem riesigen Areal des Tempels, inmitten einer unüberschaubaren Menge von Leuten, trifft er genau die drei Menschen, die er treffen soll: Maria und Josef, die gerade den kleinen Jesus zu einem der Priester bringen wollen.

Da Simeon eine Achtung einflößende Persönlichkeit ist und ältere Menschen sehr geachtet wurden, lassen es Maria und Josef ein wenig verwundert, aber bereitwillig geschehen, dass er ihnen das kleine Bündel aus den Armen nimmt. Vielleicht haben die Eltern erwartet, dass er dem Kind einen Segen geben will, und etwas Ähnliches tut er ja dann auch. Er sieht sich den Kleinen liebevoll und erfreut an und lobt und dankt Gott aus vollem Herzen:

„Jetzt ist es so weit, du ewiger Herrscher! Jetzt kann ich, dein Diener, in vollem Frieden weiterziehen, so wie du es mir zugesagt hast. Denn mit meinen eigenen Augen habe ich ihn gesehen, die Rettung, die du vorbereitet hast, deutlich sichtbar vor den Augen aller Völker. Ja, er ist das Licht, das die Nationen erleuchtet und seinen Lichtglanz über dein eigenes Volk Israel erstrahlen lässt.“ (Lukas 2,28-32)

In dem kleinen Jesus erkennt Simeon den Messias. Und mehr noch. Durch Gottes Geist darf er einen prophetischen Blick in die Zukunft werfen. Er weiß in diesem Moment, dass der von Gott geschickte Retter nicht nur zum Volk Israel gesandt ist, sondern dass sein Licht und sein Heil auch zu den Nationen kommen und eines Tages die ganze Welt erreichen wird.

Obwohl Maria und Josef schon viele erstaunliche Worte über ihren Sohn und sein Schicksal gehört hatten – vom Engel Gabriel in Nazareth, von Elisabeth und Zacharias in Ein Kerem, von den Hirten in Bethlehem –, waren sie immer wieder aufs Neue seltsam berührt und verwundert. Es war einfach zu viel, um es wirklich zu begreifen, was da mit ihrem Sohn in ihr Leben gekommen war.

Der alte Simeon segnet die kleine Familie. Von Gottes Geist bewegt, sieht er noch etwas anderes voraus. Er spürt, dass der Messias das Volk Israel spalten wird: in solche, die sich an ihm ärgern, und in solche, die sich von ihm heilsam berühren lassen. Selbst Maria wird von diesem Zwiespalt nicht ausgenommen sein. Auch sie wird zuweilen nicht mehr wissen, was sie von ihrem Sohn halten und was sie von ihm denken soll. Der Zwiespalt, der sich durchs Volk zieht, wird sich auch in ihrem Inneren widerspiegeln. Vielleicht hat Simeon auch schon vorausgesehen, dass Maria eines Tages schmerzerfüllt unter dem Kreuz ihres eigenen Sohnes stehen und sich fühlen wird, als werde ihr ein Dolch mitten ins Herz gestoßen:

„Dein Sohn wird viel bewirken. Für viele Menschen im Volk Israel wird er zum Stolperstein werden, aber viele wird er auch wieder aufrichten. Er ist ein Zeichen von Gott, das nicht ohne Widerspruch bleiben wird. Aber auch in deine Seele wird ein Schwert eindringen. Durch ihn werden die innersten Gedanken von vielen Menschen für alle sichtbar werden.“ (Lukas 2,34f.)

✷ ✷ ✷

In diesem Moment kommt auch die würdige alte Hanna dazu, die Lukas ausdrücklich als Prophetin bezeichnet. Sie war damals offenbar wie Simeon stadtbekannt und angesehen, denn Lukas nennt den Namen ihres Vaters, Phanuel, und ihren Stamm, Asser. Hanna war schon vierundachtzig Jahre alt, seit langem Witwe und hatte von Gott die Berufung erhalten, im Tempel zu beten und zu fasten. Dort übte sie auch ihre prophetische Gabe aus, die sie durch die jahrzehntelange Freundschaft mit Gott und das Hören auf ihn verfeinert hatte.

Als sie das Kind sieht und in ihm ebenfalls den Messias erkennt, fängt sie an, Gott dafür zu loben, dass er endlich den ersehnten Retter geschickt hat. Sie erzählt allen, die sie im Tempel trifft und die wie sie mit Sehnsucht auf den verheißenen Retter warteten, dass der Messias endlich da ist.

✷ ✷ ✷

Die Engel gaben die gute Botschaft von der Geburt des Weltenretters an die Hirten auf den Feldern weiter.

Die Hirten gaben die frohe Nachricht an die Menschen in Bethlehem weiter.

Und Hanna wird zur ersten „Evangelistin“, die den Leuten in Jerusalem von Jesus, dem Messias, erzählt.

19. Die Sterndeuter: Aufbruch ins Ungewisse

Gushnasaph stand auf der obersten Plattform des großen Turmes. Eine Hand hatte er an die Zinne gelegt, mit der anderen strich er sich gedankenverloren über seinen dunklen, kurz geschnittenen Vollbart. Die Dämmerung senkte sich langsam und weich über Ekbatana, die alte persische Königsstadt, herab. Die letzten Sonnenstrahlen spiegelten sich im breiten Fluss, der sich gemächlich durchs Tal außerhalb der Stadt schlängelte. Uralte Pistazienbäume wuchsen an seinen Ufern. In der Ferne waren die mächtigen Bergketten des Zagros mit seinen tiefen Schluchten und schroffen Felswänden auszumachen.

Vor den Mauern von Ekbatana herrschte noch reges Treiben. Parthische Krieger in Kettenhemden kamen von ihren Streifzügen durch die Gebiete des Königs zurück. Ihre Pferde ritten sie ohne Sattel, als seien sie eins mit diesen edlen Geschöpfen und jeder ihrer Bewegungen. Händler, die kostbare Stoffe und Gewürze mit sich führten, begehrten noch vor Einbruch der Nacht Einlass nach Ekbatana. Sie kamen von den Ländern der aufgehenden Sonne und waren auf ihrem Weg nach Palmyra und Antiochia und noch weiter, bis hin zu den fernsten Regionen. Ein letztes Mal noch strichen die Strahlen der untergehenden Sonne über die Paläste und Schatzhäuser der Stadt. Sie brachten die purpurnen, blauen, rötlichen, goldenen und silbernen Zinnen der Mauerringe, die das Herz der Stadt beschützten, zum Glühen. Die Farben waren ein Symbol für die verschiedenen Planeten, die im Leben der Einwohner Ekbata-

nas eine wichtige Rolle spielten. Nicht umsonst war Ekbatana ein Zentrum der Astronomie und Priester wie Gushnasaph weithin als gelehrte Astronomen und Wissenschaftler bekannt.

Doch für all diese Schönheit hatte Gushnasaph heute keine Augen. Sein Blick war nachdenklich auf einen sehr hellen Stern gerichtet, der schon vor einiger Zeit am Himmel über Ekbatana erschienen war.

Im Kreis der Gelehrten und Priester gab es seither kaum ein anderes Gesprächsthema als das, was es wohl mit diesem außergewöhnlichen, unerklärlichen Himmelsphänomen auf sich hatte. Die Meinungen gingen auseinander, doch für Gushnasaph und seine Freunde Hormisdas und Larvandad stand fest: Eine wichtige Person, ja, eine Gottheit war geboren, die die Geschicke der Welt für immer verändern würde.

Schon seit längerem wiesen überdies die Zeichen der Zeit auf umwälzende Veränderungen hin. Gushnasaph war weit herumgekommen im Reich der Parther, die jetzt über sein Heimatland Persien herrschten. Aber auch im römischen Reich hatte er durch seine medizinischen und naturwissenschaftlichen Kenntnisse viele Freunde gewonnen. Überall war eine große Erwartung wie mit Händen zu greifen. Die Erwartung, dass bald ein neues Zeitalter anbrechen und ein großer Herrscher aufstehen würde.

Unwillkürlich musste Gushnasaph an die Prophezeiung des Sehers Bileam denken, der in längst vergangenen Zeiten weit im Nordwesten, in Karkemisch am Euphrat, gewohnt hatte. Da Gushnasaph mit den Oberhäuptern der jüdischen Gemeinde in Ekbatana befreundet war, hatten sie ihm Zugang zu den heiligen Schriften ihres großen Propheten Moses gewährt. Gushnasaph hatte sie gründlich studiert und war dabei auf die geheimnisvollen Worte Bileams gestoßen:

„Ich sehe ihn, aber nicht jetzt; ich schaue ihn, aber nicht von nahem. Es wird ein Stern aus Jakob aufgehen und ein Zepter aus Israel aufkommen ... aus Jakob wird der Herrscher kommen ...“

Die Nacht war hereingebrochen und die Sterne schienen hell und klar am Himmel über Ekbatana. Noch immer stand Gushnasaph an den Zinnen des Turmes hoch über der Stadt. Er warf einen letzten Blick auf den großen Stern, der mit seiner Schönheit alle anderen Himmelskörper in den Schatten stellte. Dann wandte er sich ab und ging mit festen Schritten auf die steinerne Wendeltreppe zu. Er hatte seine Entscheidung getroffen.

Endlich war der Tag des Aufbruchs gekommen. Gushnasaph hatte seine Freunde Hormisdas und Larvandad überzeugen können, dass der große Herrscher, den der Stern ankündigte, im Land der Juden zu finden sei. Er hatte sie überredet, mit ihm dorthin zu reisen, um dem König ihre Aufwartung zu machen und ihre Dienste anzubieten. Gushnasaph wollte in so einem entscheidenden Moment der Weltgeschichte zur richtigen Zeit am richtigen Ort sein. Seine Freunde hatten ihn zwar zunächst für verrückt erklärt, dass er so eine weite, gefahrvolle Reise ins Ungewisse wagen wollte. Doch schließlich waren sie seinen Argumenten erlegen und hatten sich von seiner Begeisterung anstecken lassen.

Wochen voller hektischer und fiebriger Reisevorbereitungen waren gefolgt, bis sie schließlich an diesem sonnigen, etwas kühlen Morgen im großen Innenhof des prächtigen Hauses von Gushnasaph standen.

Die edlen Vollblutaraber standen fertig aufgezäumt bereit und tänzelten nervös hin und her, weil sie die Aufregung ihrer Besitzer spürten. Die Packkamele waren mit Vorräten für die Reise, Zahlungsmitteln für unterwegs und Geschenken für den großen Herrscher beladen und lagen friedlich kauend auf dem Boden. Einige Rennkamele mit prächtig verzierten Sätteln standen daneben. Eine kleine Gruppe von Dienern in Reisekleidung unterhielt sich mit gedämpfter Stimme. Sie würden ihre Herren begleiten, die Nachtlager aufschlagen und für Verpflegung sorgen.

Hormisdas sah ungeduldig zu Gushnasaph hinüber, der seiner Dienerschaft, die zu Hause blieb, letzte Anweisungen gab. Er rückte die rote, phrygische Mütze zurecht, die locker auf seinen wallenden weißen Haaren saß. Dann strich er ein paar Sandkörner von seinem kurzen braunen Reisemantel, der mit einer Brosche zusammengehalten wurde. Als er nicht mehr wusste, womit er sich sonst noch beschäftigen sollte, rief er zu seinem Freund hinüber: „Gushnasaph, lass uns endlich aufbrechen! Du hast deinen Dienern doch nun schon alles zu Genüge erklärt!“ Gushnasaph blickte ärgerlich zu ihm hinüber und winkte ab. Larvandad, der seine beiden Freunde beobachtet hatte, brach in Gelächter aus. Sein jugendliches, bartloses Gesicht verzog sich zu vielen kleinen fröhlichen Fältchen. „Kommt schon, genug jetzt! Ihr benehmt euch ja wie Kinder. Hormisdas hat recht. Wir müssen los. Der Stern wird nicht für immer zu sehen sein!“

20. Die Sterndeuter:
Auf dem Weg der Sehnsucht

Die Reisevorbereitungen der drei bekannten und geachteten Gelehrten waren nicht unbemerkt geblieben. Als sich der auffällige Tross von Packkamelen, Dienern mit schnellen Dromedaren und den drei Gelehrten auf ihren prächtig geschmückten, edlen Araberpferden endlich in Bewegung setzte, waren die Straßen bereits von Schaulustigen gesäumt. Viele Bürger Ekbatanas waren auch gekommen, um sich von den Gelehrten zu verabschieden und ihnen eine gute Reise zu wünschen. Die wenigstens kannten den genauen Grund der Reise, aber dass es im weitesten Sinne um diplomatische Beziehungen zu einem fernen Land ging, wussten fast alle zu erzählen.

* * *

Auf dem Weg aus der Stadt heraus kamen die Reiter am Grab von Esther und Mordechai vorbei, das die jüdische Gemeinde hier seit langem verehrte. Aber auch die übrigen Bürger Ekbatanas, die mehrheitlich anderen Göttern als dem Gott Israels huldigten, kamen zuweilen hierher, in der Hoffnung, einen Segen zu erhalten.

Gushnasaph, der den Anstoß für diese Reise gegeben hatte, wirkte nachdenklich. Er hoffte, dass es die richtige Entscheidung gewesen war, ins Ungewisse aufzubrechen und einen fremden Herrscher zu suchen. Er wünschte sich sehnlichst, dass dieser geheimnisvolle König, den sogar die Gestirne des

Himmels angekündigt hatten, ihn, seine Freunde und sein Volk segnen und mit seiner Weisheit beschenken möge.

„Seht nur, der Löwe grüßt uns zum Abschied“, rief Larvandad in diesem Moment und unterbrach Gushnasaphs Gedanken. Sie hatten das äußere Stadttor erreicht und ritten gerade an der großen steinernen Statue eines Löwen vorbei, die Alexander der Große hier einst errichtet hatte. Ein Wechselspiel aus Sonne und Schatten ließ die steinernen Züge des Löwen so lebendig wirken, als säße er majestätisch, mit gespannten Muskeln am Ausgang der Stadt und sähe wachsam und wohlwollend auf die Reisegesellschaft herab.

* * *

Gleich zu Beginn der Reise hatte der kleine Zug das erste Hindernis zu überwinden – den Weg durch das unwegsame, abweisende Zagrosgebirge. Da der Sommer vor der Tür stand, waren die Temperaturen auch in großer Höhe noch angenehm. Dennoch forderte das Überqueren des Gebirges Menschen wie Tieren alles ab, was sie zu geben vermochten.

Viele Wochen waren sie nun schon unterwegs, und viele weitere würden noch folgen. Jede Nacht schlugen die Reisenden ihr Lager an einer anderen Stelle auf. Die Entbehrungen, kleinere und größere Zwischenfälle auf der Reise und der Staub und Schmutz der Wege stellten die Freundschaft von Gushnasaph, Hormisdas und Larvandad auf eine harte Probe. Schon mehrmals hatten sie die Hufe ihrer edlen Pferde neu beschlagen oder Verletzungen behandeln müssen. Eines der Packkamele hatte sich im Gebirge ein Bein gebrochen und der junge Larvandad hatte es schweren Herzens töten müssen. Zwar konnte die Reisegesellschaft in der nächsten größeren

Ortschaft ein neues Tier erwerben, doch war es längst nicht so zuverlässig und folgsam wie sein Vorgänger. Einer der Diener war an einem rätselhaften Fieber erkrankt, und selbst Hormisdas, der von den drei Freunden noch die meisten medizinischen Kenntnisse besaß, hatte seinen Zustand nicht verbessern können. So ließen sie den Diener in einer Karawanserei zurück und empfahlen ihn der Obhut des dortigen Besitzers. Der, erfreut über die gute Bezahlung, hatte beteuert, er werde für seinen Gast den besten Arzt der Gegend konsultieren, und die vornehmen Männer würden ihren Diener bei der Rückreise gesund und kräftig vorfinden.

Eines Abends fragte Hormisdas, der viel Wert auf sein gepflegtes Äußeres legte und dem der fehlende Komfort und die Umstände der Reise sehr zu schaffen machten: „Was denkt ihr, Freunde, wann werden wir bei diesem Tempo unser Ziel erreicht haben?“

Larvandad stocherte in der Glut des Feuers, über dem die Diener ihr Essen zubereitet hatten, als könne er darin eine Antwort finden. „Sicher wird es noch einige Monate dauern, bis wir das Land der Juden erreicht haben. Und dann müssen wir nur noch herausfinden, wo sich der große Herrscher aufhält.“

„Das dürfte nicht allzu schwierig sein“, meldete sich Gushnasaph und zeigte auf den hellen Stern am Nachthimmel. „Er ist uns immer noch treu. Er wird uns sicher zum König bringen.“

Endlich ging es hinunter in die fruchtbaren Ebenen des Zweistromlandes zwischen Tigris und Euphrat. Die Reisenden, Mensch wie Tier, konnten wieder neue Kräfte schöpfen. Viele

Wochen zogen sie durch das wasserreiche Land, in dem Wein, Obst und Gemüse angebaut und Vieh gezüchtet wurde.

Gushnasaph kannte die jüdische Tradition, nach der sich hier, in der Zeit vor aller Zeit, der Garten Eden, das Paradies, befunden haben solle. Und wirklich, wenn er sich umsah, war er geneigt, das zu glauben.

Dann jedoch dehnte sich wie eine lange Durststrecke die mit Steinen übersäte syrische Wüste vor ihnen aus. Jeden Morgen brachen sie beim ersten Dämmerlicht auf, um so lange wie möglich reisen zu können, bevor die Sonne am höchsten stand. Während der unbarmherzig heißen Mittagsstunden rastete die kleine Karawane, wobei oft nur die Körper der Pferde und Dromedare den Reisenden spärlichen Schatten boten. Sie durchquerten ausgetrocknete Wadis und steinige Höhenzüge. Jeden Abend, wenn sie ihr Nachtlager auf dem harten Boden mit seinen kantigen Steinsplittern aufschlugen, seufzte Hormisdas laut und vernehmlich. Wie sehr sehnte er sich nach seinem weichen Lager in seinem großzügigen Haus in Ekbatana zurück! Eines Tages erspähten sie schließlich von einem Hügel aus einen grünen Fleck mitten in der Einöde. Palmyra, die Palmenreiche, die Braut der Wüste lag vor ihnen! Mit Begeisterung und zügig legte die kleine Karawane die letzte Wegstrecke bis zur Oase zurück. Einige Tage rasteten sie in der Stadt, um wieder zu Kräften zu kommen. Es wimmelte dort von Römern und Parthern, von großen Handelskarawanen aus fernen Ländern, die hier Zwischenstation machten auf dem Weg zum Mittelmeer oder in das Gebiet zwischen Euphrat und Tigris.

* * *

Bald schon mahnte Gushnasaph zum Aufbruch. So ging es weiter durch die Wüste, Tag um Tag, bis sie nach Damaskus kamen, wo sie ihre Vorräte noch einmal auffrischen konnten. Die drei Reisegefährten und ihre Diener waren ihrem Ziel nun schon sehr nahe. Aufregung und Neugier erfasste sie. Was würde sie im Land der Juden erwarten? Sie zogen erfrischt und neu gestärkt weiter, in südwestliche Richtung, am Berg Hermon und am Galiläischen Meer vorbei und folgten schließlich dem Tal des Jordan. Viele Tage hielten sie sich östlich des Flusses, doch bei Jericho überquerten sie den Jordan und befanden sich endlich auf direktem Weg nach Jerusalem, hinauf durch das judäische Bergland.

Die drei Freunde hatten miteinander beratschlagt und entschieden, zuerst nach Jerusalem zu reisen. Dort wohnten die Gelehrten und Priester des jüdischen Volkes, die ihnen mit ihrer Kenntnis der jüdischen Schriften und der Propheten auf ihrer Suche behilflich sein konnten.

Gushnasaph zumindest war der festen Überzeugung, dass die Priester sie willkommen heißen und gemeinsam mit ihnen nach dem kindlichen neuen Herrscher Ausschau halten würden.

21. Herodes:
Begegnung mit dem falschen König

Herodes stand im oberen Säulengang seines prächtigen Palastes und sah in den großen Innenhof hinunter. Er runzelte die Stirn. Einige der Priester und Schriftgelehrten hatten ihn mit der Nachricht beunruhigt, dass eine vornehme Reisegesellschaft aus Ekbatana in der Stadt eingetroffen sei. Sie hätten bei ihnen Erkundigungen eingezogen, ob im vergangenen Jahr ein edler Knabe geboren worden sei, ein zukünftiger großer Herrscher.

Herodes schüttelte ärgerlich den Kopf. Nahm das denn nie ein Ende? Nun war er fast 70 Jahre alt und herrschte schon viele Jahre erfolgreich über sein Land, und noch immer waren die hartnäckigen Gerüchte nicht verstummt. Eine Gruppe von Pharisäern hatte vor einiger Zeit dem Gerücht wieder neue Nahrung gegeben: Die Geburt eines jüdischen Messias aus dem Stamm Juda stünde kurz bevor, und damit das Ende der tyrannischen Herrschaft von Herodes. Nun gut, sie hatten teuer dafür bezahlt. Herodes hatte ihre vorlauten Münder für immer verschlossen. Doch das Gerücht war nicht mit ihnen verstummt. Jetzt kamen sogar schon Gesandtschaften aus fernen Ländern, um nach einem neuen König zu forschen und ihm die Ehre zu erweisen. Was für eine Beleidigung! Herodes merkte, wie die Wut langsam in ihm hochkochte. Doch er musste sich beherrschen, einen kühlen Kopf bewahren und handlungsfähig bleiben.

✵ ✵ ✵

Erst gestern hatte er deshalb die Mitglieder des Sanhedrin, des jüdischen Hohen Rates, zu einer Zusammenkunft gerufen. Seit er große Teile der jüdischen Aristokratie und des Hohen Rates in seinem Feldzug gegen das Hasmonäergeschlecht ausgelöscht hatte, lebten die meisten Mitglieder des Hohen Rates in ständiger Angst vor ihm. So waren sie denn eingeschüchtert und starr vor Schreck zusammengekommen, doch Herodes hatte lediglich von ihnen wissen wollen, was die Schriften und Propheten nun wirklich über einen neuen König sagten. Viel war nicht von ihnen zu erfahren gewesen, doch hatte Herodes so viel verstanden, dass der geheimnisvolle Messias im nahegelegenen Dörfchen Bethlehem zur Welt kommen solle. Herodes musste unwillkürlich in sich hineinlachen. Bethlehem – ausgerechnet dieses kleine, abgelegene, ländliche Städtchen sollte einen großen Herrscher willkommen heißen! Ganz und gar kein würdiger Residenzort für den erwarteten Messias, der für das jüdische Volk alles zum Besten wenden sollte. Herodes selbst glaubte nicht an diese Torheit, aber was die Prophezeiung so gefährlich machte, war, dass seine Untertanen fest daran glaubten. Praktisch jeder Scharlatan konnte sein neugeborenes Kind in Bethlehem zum Messias und damit zum Konkurrenten für Herodes ausrufen lassen, und es gäbe immer genug Dummköpfe, die ihm Glauben schenken würden. Das musste Herodes verhindern. Und er wusste auch schon wie. Sofort, nachdem er von den Schriftgelehrten die nötigen Erkundigungen eingezogen hatte, hatte er eine Botschaft an die fremde Gesandtschaft aus Ekbatana geschickt und sie zu sich in seinen Palast eingeladen. Er würde schon herausfinden, was sie im Schilde führten, und sie für seine Zwecke einspannen. Manipulation, Intrige und Einschüchterung waren sein tägliches Geschäft. Nur dadurch hatte er so lange seine Herrschaft

sichern können. Jetzt hieß es, sich etwas in Geduld zu üben und mit diplomatischem Geschick vorzugehen.

* * *

Herodes konzentrierte sich auf die perfekte und makellose Schönheit, die sich vor seinen Augen ausbreitete. Voller Bewunderung für sein Augenmaß und seine Kreativität betrachtete er das kleine Paradies, das er sich mit diesem Palast geschaffen hatte. Unter ihm erstreckte sich ein riesiger Innenhof mit baumbestandenen, schattigen Alleen, durch die kleine Kanäle das ganze Jahr über reichlich Wasser führten. Statuen aus Kupfer und Messing standen an den Wasserläufen und spendeten kühles Nass. Fontänen und Brunnen mit Wasserspielen sorgten dafür, dass der Innenhof von beruhigendem Plätschern widerhallte. Palmtäubchen saßen auf begrünten Säulenhallen und gurrten sanft. Die Strahlen der Abendsonne tauchten alles in ein mildes, weiches Licht. Palastbewohner gingen durch die Alleen und Säulenhallen spazieren oder saßen, sich angeregt unterhaltend, an kleinen Teichen, die mit Bronze eingefasst waren. Leises Gelächter drang zu ihm herauf. Und er, Herodes, der Schöpfer all dieser überirdischen Schönheit, sah selbstzufrieden und wohlwollend von seinen Gemächern auf diese Szenerie hinunter.

Sein Blick glitt hin zu den drei Türmen, die sich im Norden, stummen Wächtern gleich, über der Palastanlage erhoben. Jeder von ihnen war auf individuelle Weise kunstvoll und einzigartig gestaltet. Herodes hatte ihnen sogar Namen gegeben: Einer war nach seinem Bruder Phasael, ein anderer nach seiner Frau Mariamne und der dritte nach seinem Freund Hippicus benannt.

* * *

Er dachte an den Tag zurück, mehr als drei Jahrzehnte war es nun her, als Octavian und Marcus Antonius ihm die Königsherrschaft gesichert hatten. Damals war er, dankbar und unendlich stolz, mit ihnen in Rom die Stufen zum Tempel des Jupiter emporgestiegen. Allen Göttern Roms hatte er dort für sein Glück gedankt. Seit diesem Augenblick waren ihm die Sterne günstig gesonnen gewesen, und nichts und niemand hatte ihn von seinem Weg zu unsterblichem Ruhm und Erfolg abhalten können. Er war voller Stolz und grimmiger Entschlossenheit nach Judäa zurückgekehrt und hatte Jerusalem aus den Händen des letzten Herrschers des Hasmonäergeschlechts, Mattathias, befreit. Seitdem war er der rechtmäßige König über Jerusalem. Selbst als sich die Machtverhältnisse in Rom wendeten und sein Freund und Gönner Marcus Antonius von Augustus besiegt wurde, hatte sich das nicht negativ auf seine Herrschaft ausgewirkt. Im Gegenteil, nachdem Herodes sich dem neuen Alleinherrscher gegenüber unterwürfig gezeigt hatte, hatte Augustus Caesar ihm Gnade gewährt und sogar neue Herrschaftsgebiete übertragen.

* * *

Ein triumphierendes Lächeln umspielte Herodes' Lippen. Im nächsten Moment jedoch verengten sich seine Augen zu schmalen Schlitzen und seine Mundwinkel zogen sich verächtlich herunter, als er an die Reaktion seiner Untertanen dachte. Bei seinen eigenen Landsleuten in Judäa nämlich war er nie auf übermäßige Sympathie gestoßen. Genau genommen waren es auch gar nicht seine Landsleute. Sein Vater Antipater war ein

Idumäer gewesen, und seine Mutter Kypros sogar eine Nabatäerin. Die Familie seines Vaters hatte sich erst vor wenigen Generationen zum Judentum bekehrt. Für die meisten seiner Untertanen war Herodes deshalb kein würdiger Nachfolger der edlen jüdischen Hasmonäer.

Doch was Herodes an Herkunft fehlte, hatte er mit Wohlstand und seinen guten Beziehungen zum römischen Imperium aufgewogen. Mochten die anderen über ihn denken, was sie wollten, oder ihn sogar als Verräter bezeichnen, der den Römern in die Hände spielte. Er war unbeirrt seinen Weg gegangen und hatte dem kleinen jüdischen Land in einem Winkel des römischen Weltreiches zu größerer Bedeutung verholfen.

* * *

Herodes fuhr sich mit der Hand über sein Gesicht. Die langen Jahre des Kampfes um Ruhm und Ansehen für sich und das Land, über das er herrschte, hatten ihn müde gemacht. Plötzlich spürte er die Last seiner jahrzehntelangen Herrschaft fast körperlich auf seinen Schultern.

Viele Opfer hatte er bringen müssen. Er hatte Mariamne geheiratet, obwohl er sie nicht liebte. Aber sie war aus der angesehenen Familie der Hasmonäer gewesen, die beim jüdischen Volk in hohem Ansehen stand. Das hatte ihm einige Sympathien erworben. Viele Hindernisse waren aus dem Weg zu räumen gewesen: den Bruder von Mariamne, den jungen Hohenpriester Aristobul, hatte er im zarten Alter von 16 Jahren ertränken lassen, nachdem er beim Volk zu beliebt geworden war. Auch seine schöne Ehefrau Mariamne und ihre Mutter hatte er schließlich töten lassen. Er konnte diesen Frauen einfach nicht vertrauen. Sie hatten es verdient. Er war sich fast sicher, dass sie Intrigen gegen ihn geschmiedet hatten. Erst kürzlich hatte er sich zwei seiner Söhne auf das Gerücht hin entledigen müssen, dass sie nach seinem Thron trachteten.

Rom ließ ihn gewähren. Sicher wusste der Kaiser, dass Herodes im Recht war. Allerdings hatte man Herodes vor kurzem ein Sprichwort zugetragen, das in der feinen Gesellschaft Roms die Runde machte: „Es ist besser, ein Schwein in Herodes' Haushalt zu sein als sein Sohn."

Nun, sollten sie reden. Was kümmerte es ihn. In seinem Alter und nach all den Jahren des Unverstandenseins und der Missgunst ihm gegenüber bedeutete es ihm nichts mehr, was andere von ihm dachten.

✵ ✵ ✵

Herodes kannte nur noch eine wahre Leidenschaft: die Architektur. Zu Ehren seines Freundes und Gönners, des Caesars Augustus, hatte er eine elegante Hafenstadt am Mittelmeer erbaut und sie „Caesarea" benannt. In Samaria, das seinen jüdischen Untertanen so verhasst war, hatte er die Stadt Sebastia vergrößert und verschönert, wiederum zu Ehren des erhabenen Augustus. Prachtvolle weiträumige Amphitheater, großzügig mit Säulen dekorierte Straßenzüge, Pferderennbahnen, Tempel und Schreine für die griechischen und römischen Gottheiten waren sein Markenzeichen. Er liebte die griechische und römische Kultur. Und er hasste seine jüdischen Untertanen, die er als provinziell und engstirnig empfand. Und doch ... wenn er ehrlich zu sich war, wäre er gern von ihnen akzeptiert und verehrt worden.

Herodes wischte diesen unbequemen Gedanken, einen Moment der Schwachheit, ärgerlich beiseite. Stattdessen richtete er seinen Blick liebevoll auf sein Meisterwerk, das in einiger

Entfernung in der Sonne funkelte und glänzte. Der jüdische Tempel, der nach seiner Zerstörung durch die Babylonier nie wieder seine salomonische Schönheit und Größe erreicht hatte, erstrahlte nun in neuem Glanz. Viele Jahre hatte Herodes investiert, um ihn in griechischem Stil zu erweitern und zu verschönern. Nun stand er da, würdig und prachtvoll, auf seinem riesigen, eigens dafür aufgeschütteten Plateau, und beeindruckte den Betrachter mit seinen Säulenhallen, dem weißen Marmor und den goldenen Verzierungen. Im gesamten römischen Reich gab es nichts Vergleichbares.

* * *

Der König wurde unsanft aus seinen Betrachtungen gerissen, als sein persönlicher Palastdiener ihm aufgeregt die Botschaft überbrachte, dass drei weitgereiste Fremde aus Ekbatana wünschten, dem König ihre Aufwartung machen zu dürfen.

Noch würden sie geduldig vor dem Eingang zum Palast warten, berichtete der Diener, und mit sich führten sie Kamele, die mit großzügigen Geschenken für Herodes beladen seien.

„Lass sie herein in den Innenhof, du Tölpel, und bitte die Edelmänner in den Empfangssaal. Ich will ihrer Bitte nachkommen. Sollen sie denn wie Bettler vor dem Tor bleiben?" Unwirsch scheuchte Herodes seinen Diener von sich, als würde er sich einer lästigen Schmeißfliege entledigen.

Zufrieden wandte er sich von seinem Aussichtspunkt über den Innenhof ab und begab sich durch die hohen Räume des Palastes zum Audienzsaal. Während er an Möbeln aus Gold und Silber, an Statuen ohne Zahl und anderem ausgesuchten Mobiliar vorbeiging, überlegte er sich seinen nächsten Schachzug sehr genau.

Er würde die Gelehrten aus Ekbatana ausgesucht höflich und respektvoll empfangen, sie mit seiner Gastfreundlichkeit, einem köstlichen Festmahl und einer Führung durch den prächtigen Palast beeindrucken. Er würde sie nach ihrer Heimat fragen und nach dem Grund ihres Kommens und ihnen dann von der uralten Prophezeiung über den Messias aus Bethlehem erzählen. Er würde sich ihnen als gottesfürchtiger Herrscher präsentieren, der sich nichts sehnlicher wünschte, als baldmöglichst dem neuen König (so es ihn denn gab, dachte Herodes grimmig) seine Verehrung zu bezeugen. Die Edelleute aus dem Osten würden ihm auf unverfängliche Weise die Mühe abnehmen, selbst nach dem genauen Aufenthaltsort des Königs zu forschen. Und ohne es zu wissen und zu wollen, würden sie seine Spione sein und ihm am Ende den kindlichen König ans Messer liefern.

22. Anbetung:
Geschenke für den wahren König

Ein Jahr war schon vergangen, seit sie das letzte Mal hier in Bethlehem im Haus ihrer Verwandten zu Besuch gewesen waren und Maria ihren Sohn entbunden hatte. Nun war es höchste Zeit geworden, den kleinen Jesus wieder einmal der Familie zu präsentieren. Deshalb waren Josef und sie mit dem Kind vor einigen Tagen aus Galiläa heraufgekommen. Alle hatten sich erfreut gezeigt, wie gut sich der kleine Jesus in der Zwischenzeit entwickelt hatte. Beim Gedanken an das Lob, das sie von den älteren und erfahreneren Frauen des Haushaltes dafür geerntet hatte, musste Maria lächeln. Natürlich hatte sie in der Zwischenzeit in Nazareth viel Hilfe und gute Ratschläge von ihrer Mutter Hannah und den Nachbarinnen bekommen. Dennoch war Maria stolz darauf, dass sie es als kleine Familie so gut geschafft hatten, sich an die neue Situation zu gewöhnen. *„Die Zeit ist so schnell vergangen. Es war ein wunderbares erstes Jahr!“*, dachte Maria glücklich und schickte ein Dankgebet zum Himmel. Liebevoll sah sie ihrem kleinen Sohn dabei zu, wie er in Windeseile auf der Wohnplattform umherkroch und dann versuchte, sich an einem Schemel hochzuziehen. Als er es schließlich geschafft hatte und, den Schemel umklammernd, noch etwas wackelig auf seinen eigenen Beinchen stand, sah er stolz zu Maria hinüber. „Das hast du gut gemacht, mein Lämmchen!“ Maria nickte aufmunternd und lachte dem Kleinen zu. In diesem Moment kam der fünfjährige Yehuda herangestürmt. Maria hob abwehrend und beschwichtigend die Hand: „Yehuda, langsam! Pass auf Jeschua auf!“

Yehuda verringerte sein Tempo und blieb dann mit unschuldigem Gesichtsausdruck vor Maria stehen. „Doda, darf ich ihn mit hinaus nehmen? Biiitttte!“, sagte er mit Schmollmund, doch Maria schüttelte bedauernd den Kopf.

„Tut mir leid, Yehuda. Du kannst gern hier mit ihm spielen, wo ich euch beide sehen kann!“

Yehuda setzte ein beleidigtes Gesicht auf und stemmte grimmig seine kleinen Fäuste in die Hüften, doch dann hellte sich seine Miene auf, als sei ihm gerade ein interessanter Gedanke gekommen. Er stolzierte zu dem Kleinen hin, der ihn erwartungsvoll ansah, und nahm ihn an einer Hand. „Komm, Jeschua, ich helfe dir laufen lernen.“ Yehuda konnte den Kleinen davon überzeugen, die stützende Sicherheit des Schemels zu verlassen, und führte ihn vorsichtig durch den Raum. Das ging eine Weile gut, doch die unsicheren Beinchen von Jesus knickten mehr und mehr ein, bis Yehuda ihn eher hinter sich herschleifte als führte. „Yehuda, ich glaube, jetzt ist's genug. Der Kleine wird müde. Lass ihn ausruhen!“

„Ist gut, Doda. Es macht sowieso keinen Spaß mehr“, antwortete Yehuda fast erleichtert und ließ die Hand des kleinen Jesus so abrupt los, dass die noch ungeübten Beinchen einknickten und er auf sein weich gepolstertes Hinterteil fiel.

Einen Moment sah er Yehuda erschrocken und fassungslos an, dann verzog sich sein Gesicht in Zeitlupe zu einer schmerzvollen Grimasse und er fing herzzerreißend an zu weinen. Schnell sprang Maria auf, war mit wenigen Schritten bei Jesus und nahm ihn hoch in ihre Arme.

Yehuda sah sie schuldbewusst an. „Tut mir leid, Doda. Das wollte ich nicht.“

„Es ist ja nichts passiert, er hat sich nur erschrocken, weißt du.“ Maria ging ein wenig mit dem schluchzenden Kleinkind im Raum umher, bis es sich wieder beruhigt hatte. Dann setzte sie sich auf ein dickes Polster, das am Boden lag, und stillte den kleinen Jesus. Der Kleine wurde ganz ruhig, und für eine Weile war nur noch sein zufriedenes Schmatzen und Glucksen zu hören. Als er genug getrunken hatte, setzte Maria ihn sich auf den Schoß, umfasste ihn mit ihren Armen und wiegte ihn von einer Seite zur anderen. „So, mein Kleiner. Das waren für heute genug Abenteuer. Jetzt bleibst du erst mal bei mir. Vielleicht wirst du ja auch gleich etwas schlafen, nicht wahr?"

„Lafen?", wiederholte der Kleine fragend, und seine Mutter lächelte stolz über die Sprachversuche ihres Sohnes.

* * *

„Doda, Doda! Rate mal, was passiert ist!" Aufgeregt und außer Atem kam Yehuda mit seiner vierjährigen Schwester Rivka ins Haus gerannt.

„Pssst, nicht so laut. Er ist gerade am Einschlafen", warnte Maria, doch es war schon zu spät. Der kleine Jesus, der immer noch auf dem Schoß seiner Mutter saß und gerade am Einnicken gewesen war, wurde nun wieder hellwach. „Ivka!", rief er fröhlich und streckte eins seiner Händchen nach Rivka aus, die er ganz besonders ins Herz geschlossen hatte. Rivka gab ihm einen dicken Kuss auf die Wange und erdrückte ihn dabei fast. Doch dem Kleinen schien es zu gefallen.

„Drei Männer sind in unsere Stadt gekommen. So was hast du noch nicht gesehen! Das müssen Könige sein! Aber von weither, denn die sehen so komisch aus – nicht wahr, Rivka?" Yehuda stieß seine Schwester in die Seite, und die kicherte verschämt. Dann sprudelte es weiter aus ihm heraus: „Stell dir vor, die haben rote Mützen auf und komische enge Hosen und weite Mäntel mit glitzernden Broschen und echte Rennkamele und Packkamele ...“

„... und Pferde, schööööööne Pferde mit glänzendem Fell! Schmale Köpfe und ganz kluge Augen haben die!“, wurde Yehuda da von seiner Schwester unterbrochen, die wie verzaubert aussah und die Konturen der Tiere in die Luft zeichnete.

„Ich hab schon allen Nachbarn Bescheid gesagt“, fuhr Yehuda fort und stolperte vor Aufregung fast über seine eigenen Worte. „Jetzt lauf ich gleich noch mal los, um zu sehen, wo sie hinreiten!“ Er rannte zur Tür und wäre dabei fast gegen seinen Vater Jaakov gestoßen, der in diesem Moment hereingekommen war.

„Das kannst du dir sparen“, sagte er ernst zu seinem Sohn. Dann sah er Maria an. Sein ansonsten braunes und wettergegerbtes Gesicht war unnatürlich bleich und seine Stimme zitterte leicht, als er ihr eröffnete: „Die Fremden sind hier. Vor *unserer* Tür. Sie sagen, ein Stern habe sie aus einem Land weit im Osten bis hierher geführt. Sie wollen den Kleinen sehen. Soll ich sie hereinlassen?“

✵ ✵ ✵

Josef lief, so schnell er konnte. Er war schon vollkommen außer Atem. Er hatte seinen Verwandten gerade bei der Olivenernte geholfen, als sich die Ankunft einer edlen Karawane auf den Feldern um Bethlehem wie ein Lauffeuer herumgesprochen hatte. Er hatte die schon gepflückten Oliven in das unter seinem Baum aufgespannte Netz fallen lassen und war in Windeseile von der Leiter heruntergestiegen. Ohne genau zu wissen, welche Richtung die Karawane genommen hatte, war er einfach den Scharen von neugierigen Dorfbewohnern gefolgt, die wie er aus allen Himmelsrichtungen zusammenliefen. Wie erstaunt war er jedoch, als er noch von weitem sah, dass die ungewöhnliche Reisegesellschaft in das Sträßchen einbog, in dem das Haus seiner Verwandten stand. Er drängelte sich durch die Gruppen von aufgeregt miteinander schwatzenden Menschen und kam an den Kamelen vorbei, die in der Straße vor dem Haus seiner Familie lagerten. Die vornehmen Diener, die edle Araberpferde am Zügel hielten, nahmen Josef misstrauisch in Augenschein, als er sich in der engen Gasse an ihnen vorbeischob. „Lasst mich durch! Ich muss zu meiner Frau und meinem Kind!" Sie sahen ihn verständnislos an. Anscheinend verstanden sie seine Sprache nicht. Vorsichtig öffnete Josef die Tür zu seiner Herberge. Er schlüpfte hinein und zog die Tür fest hinter sich zu, um den neugierigen Nachbarn, die von der Straße aus schon ihre Hälse reckten, ein deutliches Zeichen zu geben. Er wandte sich der etwas höher gelegenen Wohnebene zu und hielt inne, gebannt von dem Anblick, der sich ihm bot.

Maria konnte es nicht fassen, was sich da vor ihren Augen abspielte. Es war ihr, als stünde sie neben sich und beobachtete, wie das alles einer anderen passierte.

Drei Männer in edler, farbenprächtiger Reisekleidung waren hintereinander durch die schmale Tür des Hauses getreten und die wenigen Stufen zur Wohnplattform emporgestiegen. Sie verbeugten sich stumm vor ihr und dem kleinen Jesus, der die Fremden vom sicheren Schoß seiner Mutter aus interessiert betrachtete.

Einer der drei, ein älterer Mann mit gepflegtem silbergrauen

Haar, das ihm in sanften Wellen bis über die Schultern fiel und im Schein der Öllampen glänzte, bat in einwandfreiem Hebräisch mit fremdartigem Akzent, nähertreten zu dürfen. Maria nickte nur und versuchte ein zaghaftes, schüchternes Lächeln. Der vornehme und Achtung einflößende Fremde – Maria fühlte sich für einen Moment an einen der großen Propheten aus der Geschichte Israels erinnert – kam ganz nahe, ließ sich auf ein Knie nieder und beugte den Kopf. Nach einer Weile hob er den Kopf wieder und richtete seinen Blick auf den Kleinen, der ganz still und aufrecht, gestützt durch die Hände seiner Mutter, auf ihrem Schoß saß. Maria meinte, in den Augen des Edelmannes eine heilige Scheu, aber auch Neugier und etwas wie Zärtlichkeit entdecken zu können. Langsam hob der Fremde eine mit Silber beschlagene und mit Intarsien verzierte Truhe hoch. Als sie auf Augenhöhe des Kindes war, öffnete er sie mit den Worten: *„Für den König der Juden. Mögest du lange leben und mit Weisheit regieren. Und möge deine Herrschaft den Frieden ausbreiten wie einen Strom.“*

Marias Augen weiteten sich vor Erstaunen. Über den ungewöhnlichen Gruß, aber auch über den Inhalt der Truhe. Sie sah goldene Münzen, klein und groß, mit verschiedenen Prägungen, und eine große Menge von unverarbeiteten Goldstücken. Ein unvorstellbares Vermögen.

„Will haben“, quietschte der Kleine vergnügt, streckte sein Ärmchen aus und versuchte, sich vorzubeugen. Maria half ihm dabei, in der Erwartung, dass er eins der glitzernden Stücke anfassen wollte. Doch er griff an der Truhe vorbei in das wallende, silbern glänzende Haar des Fremden und zog daran. Maria wurde verlegen und versuchte, das kleine Händchen zu lösen, das eine Haarsträhne fest umklammert hielt.

„Lasst gut sein. Es ist eine Auszeichnung für mich!“, lächelte der Fremde sie an. Maria zog ihre Hand zurück. Für einen Moment sahen sich der Edelmann und der kindliche König in die Augen. Dann ergriff der Fremde sanft die Hand des kleinen Jungen, der bereitwillig die Haarsträhne losließ, und küsste sie ehrerbietig. Der Kleine gluckste fröhlich und klatschte in die Hände.

Als Nächster kniete der Fremde mit dem dunklen, gut geschnittenen Kinnbart vor Maria und ihrem Sohn nieder. Maria fand, dass er wie ein Gelehrter wirkte und eine etwas melancholische Ausstrahlung hatte. Wie die anderen trug auch er diese seltsame Kopfbedeckung, eine rötliche Fellmütze mit einem Zipfel, der auf dem Vorderkopf des Trägers auflag. Maria hatte einmal gehört, dass die Priester der Meder daran zu erkennen wären. Und hatten die Fremden nicht gesagt, sie kämen aus dem Osten? Während Maria noch darüber nachdachte, hatte der Bärtige den Deckel eines bauchigen, kunstvoll gravierten Gefäßes aus Gold und Silber hochgehoben und hielt es Mutter und Kind hin. In seinem Inneren glänzten gelblich-durchsichtige Körner, die Maria als Weihrauch erkannte. Der Kleine griff mit beiden Händchen in das Gefäß hinein und förderte einige Körner zutage, die er interessiert betrachtete. Der intensive Geruch der Harzkörner stieg ihm in die Nase und er musste heftig niesen. Der dunkelhaarige Fremde fing leise an zu lachen.

„Für dich, Stern aus Jakob. Möge dein Leben für Gott und Menschen ein Wohlgeruch sein“, sagte er in etwas gebrochenem Aramäisch. Doch Maria verstand es und konnte nicht anders, als sich zu wundern. Ein Mosaiksteinchen mehr in dem geheimnisvollen Zukunftsbild, das sich schon seit der Empfängnis ihres Sohnes zusammenzusetzen begann.

Nun kniete der letzte der drei weitgereisten Gäste, ein bartloser junger Mann mit einem sanften Gesichtsausdruck, vor Maria und ihrem Kind. In der Hand hielt er ein hohes, aufwendig gearbeitetes Alabastergefäß mit einem langen, schlanken Hals. Er entfernte die Versiegelung und nahm den schmalen Stopfen ab. Sofort verbreitete sich der Duft von erlesener Myrrhe im Raum.

„Möge deine Herrschaft die Schmerzen der Völker lindern. Und mögest du dein Volk heilen und leiten." Bei diesen Worten goss der junge Mann etwas von dem kostbaren Myrrheöl über das ausgestreckte Händchen des kleinen Jungen. Der zog seine Hand verwundert zurück. „Ima?", sagte der Kleine und warf einen fragenden Blick auf seine Mutter. Dann sah er zu, wie das durchscheinende Öl von seiner Hand herunter auf seine Füßchen tropfte.

* * *

Gushnasaph, Hormisdas und Larvandad ritten schweigend nebeneinander her. Sie waren noch ganz erfüllt von der Begegnung mit dem kindlichen König. Sie wussten nicht, was in der Zukunft auf ihn wartete, noch konnten sie die Bedeutung erfassen, die seine Geburt für ihre Welt haben würde. Der Stern, der sie so lange treu geleitet hatte, war verschwunden. Doch die Spuren eines neuen Gottes in ihrem Leben waren nicht zu übersehen.

Hormisdas nämlich hatte in der Nacht einen seltsamen Traum gehabt. Er hatte es Gushnasaph und Larvandad nicht genau erklären können, doch darauf bestanden, dass Gott zu ihm geredet hätte.

„*Welcher* Gott?", hatte Gushnasaph ihn interessiert gefragt.

„Ich weiß es nicht genau. Aber ich werde es herausfinden", war die nachdenkliche Antwort gewesen.

„Und, was hat er gesagt?", hatte Larvandad aufgeregt nachgefragt.

„Wir sollen nicht nach Jerusalem zurückkehren. Herodes ist eine Gefahr für das Kind."

So waren die drei Freunde und ihre kleine Karawane nun unterwegs in den Süden, über Hebron nach Beersheba und weiter südlich zu einer Furt über den Jordan.

Als sie schließlich auf der alten Königsstraße in nördlicher Richtung ihren Heimweg durchs Land der Nabatäer antraten, waren sie in Sicherheit. Doch war es der kindliche König auch? Sie hielten an einer Stelle, von der aus man einen weiten Blick in das jüdische Land jenseits des Jordangrabens hatte.

Unabhängig voneinander fühlte jeder von ihnen, dass sich ihr Leben durch die Begegnung mit dem neugeborenen König für immer verändert hatte. Doch wie sich das äußern würde, das wusste keiner der drei zu sagen, die es doch sonst gewohnt waren, ihr Volk als Gelehrte und Priester in die Geheimnisse der irdischen und himmlischen Welt einzuführen. Es war, als ob sich ihnen die Tür zu einer neuen Dimension geöffnet hätte, von deren Existenz sie bisher nichts geahnt hatten. Und hinter dieser Tür, das spürten sie deutlich, gab es eine Präsenz, die weit größer und realer war als alles, was sie in ihrem Leben kennengelernt hatten.

✵ ✵ ✵

Mit einem letzten Blick auf die judäischen Berge in der Ferne nahmen sie von dem Kleinen und seiner Familie Abschied.

„Wird das Kind die Last tragen können, die auf seinen Schultern liegt?", fasste Larvandad ihrer aller Gedanken in Worte.

Den Blick noch immer in die Ferne gerichtet, sagte Gushnasaph: „Gott wohnt in ihm. Er wird mit ihm sein."

Hormisdas rückte seine Mütze zurecht und lenkte sein Pferd wieder auf die Königsstraße zurück. Dabei rief er seinen Gefährten über die Schulter hinweg zu: „Also ich habe fest vor, eines Tages wiederzukommen und zu sehen, was aus ihm geworden ist. Jetzt kenne ich ja den Weg."

23. Die heilige Familie:
Flucht nach Ägypten

Schon früh in seinem Leben hat Jesus erfahren, was es heißt, ein Flüchtling und heimatlos zu sein. Nachdem die Weisen der Aufforderung von Herodes, seinen Aufenthaltsort preiszugeben, nicht gefolgt waren, wurde es zunehmend gefährlich für die kleine Familie. Herodes tobte vor Wut und schmiedete Pläne, wie er seinen vermeintlichen Nebenbuhler aus dem Weg schaffen könnte. In der Nacht jedoch erhält Josef von Gott die Anweisung, mit seiner Familie nach Ägypten zu fliehen.

* * *

Ägypten, das Land der einstigen Gefangenschaft des jüdischen Volkes, wird nun zum Zufluchtsort für den künftigen Messias Israels. Und aus Ägypten wird er wieder, wenn die Zeit gekommen ist, in seine Heimat zurückkehren.

Der Evangelist Matthäus zitiert einen Satz aus dem Buch des Propheten Hosea, den er auf dieses Ereignis hin deutet: *„Ich rief ihn, meinen Sohn, aus Ägypten …“* (Hosea 11,1).

Vielleicht findet sich auch schon im Buch Jesaja ein prophetischer Hinweis darauf, dass der Heiland der Welt eines Tages in Ägypten Zuflucht finden und das Land, das anderen Göttern huldigte, für immer verändern würde: *„Zu der Zeit wird für den Herrn ein Altar mitten in Ägyptenland sein …“* (19,19).

„… denn der HERR Zebaoth wird sie segnen und sprechen: Gesegnet bist du, Ägypten, mein Volk …“ (19,25).

So sehen es die koptischen Christen in Ägypten, die die Anfänge ihrer Kirche stolz bis auf Jesus selbst zurückführen, der als Flüchtling und Obdachloser in ihrem Land Aufnahme fand.

* * *

Matthäus schweigt darüber, wohin genau Josef seine Familie in Ägypten geführt hat oder wie er dorthin gekommen ist. Aber die altorientalischen Christen, insbesondere die Kopten, haben die Reiseroute der Heiligen Familie über viele Jahrhunderte hinweg überliefert.

Die frühesten Dokumente, die über den Aufenthalt von Jesus, Maria und Josef in Ägypten sprechen, stammen aus dem 2. – 4. Jahrhundert n. Chr. Kirchen und Klöster entstehen entlang der tradierten Reiseroute, die heute zu den ältesten christlichen Bauten Ägyptens gehören und jedes Jahr von vielen Christen aus dem In- und Ausland besucht werden.

* * *

So, wie es bereits auf den frühesten bildlichen Darstellungen der „Flucht nach Ägypten" zu sehen ist, werden Josef und Maria für ihre Reise sicherlich einen Esel, das übliche Reittier der damaligen Zeit, verwendet haben. Da Jesus erst zwischen ein und zwei Jahren alt war und noch keine längeren Strecken laufen konnte, wird er wohl mit seiner Mutter auf dem Esel geritten sein, während Josef zu Fuß ging. Die Reisen der Heiligen Familie werden in der Kunst der orientalischen Kirchen vielfach dargestellt. Da ist die kleine Familie nicht nur zu Land und mit Esel unterwegs, sondern natürlich auch auf dem Nil in einer kleinen Feluke. Ibisse stehen am Ufer und sehen zu, Engel beschützen die Familie auf ihrer Reise und der Esel schaut über den Rand des Bootes hervor.

✵ ✵ ✵

Überall am Weg muss es auch immer wieder jüdische Gemeinden und Synagogen gegeben haben, die den Reisenden Unterschlupf gewähren konnten. Deshalb ist es auch denkbar, dass Josef, der ein kundiger Baumeister war, bei seinen Landsleuten in Alexandria gute Arbeit fand und mit seiner Familie in Ägypten eine längere Zeit verbrachte, der Tradition der koptischen Kirche zufolge etwa dreieinhalb Jahre.

✵ ✵ ✵

Alexandria war eine der bedeutendsten Städte der damaligen Zeit, ein Zentrum des griechisch geprägten Judentums. Dort waren die Schriften der Hebräischen Bibel für die berühmte Bibliothek von Alexandria ins Griechische übersetzt und so einer breiten Öffentlichkeit zugänglich gemacht worden. Sicherlich haben Maria und Josef das gewusst und in Alexandria die großartigen Bauwerke wie die Bibliothek oder den Pharos, den mit über 120 m Höhe größten Leuchtturm der damaligen Zeit, bewundern können.

Auf ihrer Reise durch das Nildelta konnten sie die Pyramiden von Gizeh bestaunen. Besonders Josef, der als Baumeister auch mit dem Werkstoff Stein vertraut war, wird sich wohl gefragt haben, wie solche enormen Bauten zustande gekommen waren. Vielleicht hat er in diesem Moment auch daran gedacht, wie viele seiner Landsleute wohl bei den Zwangsarbeiten an diesen pharaonischen Gräbern ihr Leben gelassen haben.

✵ ✵ ✵

Mit den Orten, an denen die Heilige Familie gerastet oder gewohnt hat, sind auch Berichte über das Zusammentreffen mit den Einwohnern und wundersame Ereignisse verbunden.

Es ist durchaus denkbar, dass die ersten Ägypter schon durch die Begegnung mit dem kleinen Jungen Jesus von Gottes Geist berührt und Anhänger des noch kindlichen Messias wurden. Da es jüdische Gemeinden gab und viele Ägypter durch Geschäftskontakte mit jüdischen Partnern oder Alltagskontakte mit jüdischen Nachbarn schon vom Gott der Hebräer gehört hatten, war der Boden bereits vorbereitet. Zumal es in der Vergangenheit des stolzen Pharaonenreiches schon einmal einen Großwesir gegeben hatte, Josef, der denselben Gott verehrte. Der Gott, der den Ägyptern nun in seinem Sohn Jesus begegnete, schon kurz nachdem der kindliche Messias überhaupt geboren war.

Über dieses Privileg, das Erbarmen, die Gnade und die Liebe Gottes freuen sich die ägyptischen Christen – freikirchliche, evangelische, katholische und orthodoxe (koptische) – noch heute.

Das drückt sich auch in den Worten aus, mit denen die koptische Kirche, die größte christliche Konfession Ägyptens, an jedem 1. Juni erneut die Ankunft Jesu in Ägypten mit den Worten feiert:

„Freue dich, Ägypten! Es sollen sich freuen alle, die in seinen Grenzen leben. Freut euch und hebt eure Herzen empor. Denn der, der alle Menschen liebt; der, der vor Anbeginn der Zeit da war, ist zu euch gekommen."

24. Der Junge Jesus: Rückkehr nach Nazareth

Vier Mal spricht Gott zu Josef im Traum. Und jedes Mal gehorcht Josef ohne zu zögern: Er nimmt Maria zu sich, obwohl er nicht weiß, was er von ihrer Schwangerschaft halten soll. Er flieht mit seiner Familie in die Fremde, ohne zu wissen, was ihn dort erwartet.

Er kehrt in die Heimat zurück, weil er sich auf Gottes Versprechen verlässt, dass nach dem Tod von Herodes keine Gefahr mehr für den Jungen besteht.

Er geht nach Galiläa, da er Gott vertraut, dass er dort mit seiner Familie sicher sein wird – obwohl es nun das Herrschaftsgebiet von Herodes Antipas, einem der Söhne des großen Herodes, ist.

Nicht umsonst hat Gott Josef als Ziehvater für seinen Sohn ausgesucht. Er ist ein gottesfürchtiger, fähiger und mutiger Mann mit offenen Ohren für die Stimme Gottes.

* * *

Und so landet die Familie nach einer wochenlangen Wanderschaft wieder dort, wo alles anfing: in Nazareth.

Nachdem sie dreieinhalb bis vier Jahre in der Ferne waren, wird es zunächst nicht einfach gewesen sein, sich wieder einzuleben.

Die Sprache, die Sitten und Gebräuche der ägyptischen Juden werden sich von denen ihrer Geschwister in Galiläa doch in vielem unterschieden haben. Maria, Josef und Jesus hatten

nun mehr von der Welt gesehen als die meisten ihrer alten Nachbarn und Freunde in Nazareth. Auf ihrer Reise hatten sie Bekanntschaft mit den unterschiedlichsten Völkern und Kulturen gemacht.

Ihr Horizont hatte sich erweitert. Und nun mussten die „Weltbürger“ erst einmal wieder im ländlichen Nazareth Fuß fassen.

✵ ✵ ✵

Nazareth war ein Dorf im südgaliläischen Bergland, ungefähr 20 Kilometer südwestlich vom See Genezareth gelegen.

Zur Zeit von Jesus war es ein einfaches Bauerndorf mit ungefähr fünfzig Häusern und 500 Einwohnern. Die meisten Juden, die sich hier erst spät angesiedelt hatten, konnten ihre Herkunft so wie die Familie von Jesus auch bis auf David zurückverfolgen.

Der kleine Jesus, der bei der Rückkehr seiner Familie so um die fünf oder sechs Jahre alt gewesen sein musste, wuchs also unter Verwandten und Freunden auf. Man kannte sich und wusste, wie es in so einem kleinem Dorf üblich ist, alles voneinander. Oder man glaubte es zumindest.

Jesus hatte sicher eine unbeschwerte Kindheit in Galiläa. Er tollte mit seinen Freunden umher und wuchs ganz selbstverständlich mit der Natur und den Tieren um sich herum auf. Er war ein Kind vom Land. Sein himmlischer Vater hatte es so entschieden, dass er nicht in Jerusalem in einem Palast zur Welt kam, von den besten Gelehrten des Landes im Tempel unterrichtet wurde oder bei den Reichen und Wohlhabenden ein und aus ging.

✵ ✵ ✵

Dennoch wird Jesus eine gründliche Ausbildung in den Heiligen Schriften und Gesetzen des Judentums genossen haben, wie es für jüdische Jungen üblich war.

Dazu hat er den angesehenen Beruf seines Vaters erlernt, der ein Baumeister bzw. Architekt war und mit Holz und Stein arbeitete.

Da Nazareth ein kleines und bescheidenes Dorf war, dessen Häuser zumeist als Wohnhöhlen direkt in die Felsen gehauen waren, wird Josef sich auch anderswo Arbeit gesucht haben. Herodes Antipas war dabei, das sechs Kilometer entfernte Sepphoris wieder aufzubauen, das zuvor wegen einer Revolte von den Römern restlos zerstört worden war.

Sepphoris wurde zur schönsten Stadt Galiläas, ein blühendes, hellenistisch-jüdisches Zentrum mit starker Militärpräsenz. Erst durch die Gründung von Tiberias im Jahr 19 n. Chr. wurde ihr der Rang abgelaufen.

Viele Menschen in diesem Umfeld waren damals, wie es noch bis heute im Heiligen Land üblich ist, mehrsprachig. Wir können davon ausgehen, dass Jesus und sein Vater nicht nur Aramäisch und Hebräisch sprachen, sondern auch Kenntnisse des Griechischen und vielleicht auch des Lateinischen hatten. Allein schon wegen der Geschäftsbeziehungen und der Arbeit war dies unumgänglich.

✵ ✵ ✵

Jesus hat schon früh beides kennengelernt: die weite hellenistische Welt, aber auch die Abgeschiedenheit eines kleinen Bergdorfes in Galiläa. In seiner Zeit in Nazareth und Umgebung hat er vieles gelernt, was wir auch später bei ihm wiederfinden, während seines öffentlichen Dienstes in Galiläa, Samaria und Judäa: die Liebe zu Gottes Schöpfung, einen natürlichen Zugang zu den einfachen Menschen, Intelligenz und Witz im Umgang mit den jüdischen Autoritäten, Respekt für die Gelehrten und Gebildeten, eine große Kenntnis der Gesellschaft und Kultur seiner Umgebung und zur richtigen Zeit das richtige Wort der Ermahnung oder Ermutigung, ... und das alles in der Liebe und der Kraft des Geistes Gottes.

* * *

Der große Gott hat sich ganz klein gemacht: als Säugling im Haus der Verwandten in Bethlehem, als Kleinkind auf der Flucht und in der Fremde im heidnischen Land, als Dorfjunge im ländlichen Nazareth.

Bei den Jerusalemern waren die Galiläer nicht besonders hoch angesehen. Sie galten als Bauern und Fischer und ungebildete Leute. Auch ihr ausgeprägter Akzent half nicht gerade dabei, dass sie sich im kosmopolitanen Jerusalem nahtlos einfügen konnten.

„Was kann aus Nazareth Gutes kommen?", fragten sich die Leute damals.

Gott ist groß. Er braucht keine spektakulären Auftritte, um Größe zu demonstrieren. Auch nicht für seinen Sohn. Alle, die gelernt haben, mit den Augen des Herzens zu sehen, können den Messias Israels und der Welt erkennen, auch wenn er aus Galiläa kommt.

Informationen zum Titelfoto

Das Titelfoto, das noch einmal im Innenteil des Buches erscheint, zeigt zwei junge arabische Christen aus *Nazareth Village*, der archälogisch und biblisch fundierten Nachbildung eines Dorfes aus der Zeit Jesu.

Nazareth Village liegt inmitten des heutigen Nazareth in Galiläa, einer pulsierenden modernen Stadt mit ungefähr 70.000 Einwohnern, viele davon christliche Araber. Es ist nur 500 Meter vom antiken Dorfkern Nazareths und dem Wohnhaus von Maria und Josef entfernt. Das Ziel von *Nazareth Village* ist es, den Besuchern Jesus, seine Herkunft, sein Leben und seine Lehren näherzubringen. Jährlich kommen Besucher aus dem In- und Ausland, darunter auch viele Schulklassen, ins *Nazareth Village*. Nicht nur Christen, auch Juden, Muslime und Drusen lernen hier etwas über das Leben Jesu.

Nazareth Village wird von arabischen Christen und internationalen Mitarbeitern geführt und ist auf Spenden angewiesen. Es ist ein Highlight jeder Israelreise. Mehr Informationen dazu finden Sie unter: www.nazarethvillage.com

Bildnachweis

Seite 10:	© istockphoto.com / MissHibiscus
Seite 16:	© istockphoto.com / FotografiaBasica
Seite 20:	© istockphoto.com / Graffoto
Seite 25:	privat – Maria und Elisabeth, Ein Kerem
Seite 31:	© istockphoto.com / by_nicholas
Seite 35:	© istockphoto.com / Tova Teitelbaum
Seite 40:	© istockphoto.com / Ryan Lane
Seite 44:	privat – Naturpark Nahal Amud, Galiläa
Seite 48:	© Nazareth Village
Seite 56:	privat – Wohnhaus mit Grotte in Taybeh/Efraim
Seite 59:	beawolf © fotolia.de
Seite 61:	privat – Beth Sahur, franziskanische Hirtenfelder
Seite 68:	privat – Beth Sahur, franziskanische Hirtenfelder
Seite 74:	Arkady Chubykin © fotolia.de
Seite 76:	daynamore © fotolia.de
Seite 80:	Robert Young © fotolia.de
Seite 85:	© istockphoto.com / Leah-Anne Thompson
Seite 90:	© istockphoto.com / Boris Diakovsky
Seite 95:	Kotangens © fotolia.de
Seite 100:	© istockphoto.com / Leah-Anne Thompson
Seite 107:	© istockphoto.com / Jon Patton
Seite 115:	zatletic © fotolia.de
Seite 126:	© istockphoto.com / sculpies
Seite 131:	zatletic © fotolia.de

Alle privaten Bilder © Steffi u. Guido Baltes

Weitere Titel von Steffi Baltes

Steffi Baltes
Pilgerinnen zum Herzen Gottes
Frauen im Heiligen Land – damals und heute
ISBN 978-3-86122-997-1
128 Seiten, gebunden

Eine Sammlung packender Biografien: Hier erzählen Frauen, die als Pilgerinnen nach Jerusalem kamen – vom 4. Jahrhundert nach Christus bis in unsere Tage. Sie alle wurden angetrieben von ihrer Liebe zu Jesus Christus, der Sehnsucht nach seinem Heimatland und einer guten Portion Abenteuerlust. Was sie erfahren haben auf ihrer inneren und äußeren Pilgerreise, macht auch uns Mut: Es lohnt sich, die Spuren unserer eigenen Sehnsüchte, Träume und Hoffnungen zu verfolgen, die Gott in uns hineingelegt hat. Lassen Sie sich inspirieren – werden Sie eine Abenteurerin, die offen ist für die Abenteuer, die das Leben in den Fußspuren Christi mit sich bringt!

Steffi Baltes / Katja Hogh
Bei dir darf ich bleiben
Psalm 23 in Bildern und Betrachtungen
ISBN 978-3-86827-200-0
64 Seiten, gebunden

Psalm 23 ist einer der bekanntesten und beliebtesten Psalmen der Bibel. Geschrieben von einem König, der einst ein Hirtenjunge war. Er ist Davids Liebeserklärung an Gott und Ausdruck seines großen Vertrauens zu ihm. Zugleich ist er eine Reise durch das Leben, unser aller Leben. Mit seinen Höhen und Tiefen, Freuden und Herausforderungen. Ob unser Weg durch dürre Täler oder über fruchtbare Wiesen führt – der „große Hirte der Schafe" geht uns voran. Er lädt uns ein, bei ihm zur Ruhe zu kommen.
Die einfühlsamen und außergewöhnlichen Bilder der Künstlerin Katja Hogh und die meditativen Texte von Steffi Baltes unterstreichen die wunderbaren Worte Davids auf einzigartige Weise. Sie helfen, den Psalm vom guten Hirten neu für sich zu entdecken. Mit einer Einführung in die Welt von Psalm 23.

Steffi Baltes / Katja Hogh
Ich bin dein und du bist mein
Das Hohelied der Liebe
in Bildern und Betrachtungen
ISBN 978-3-86827-077-8
78 Seiten, gebunden

Das Hohelied Salomos ist ein wunderschönes und außergewöhnliches Buch der Bibel. Unzählige Generationen haben es mit Gewinn gelesen. Poetische und liebenswürdige Worte malen ein leuchtendes Bild vom großen Wert und Reichtum der Liebe zwischen Mann und Frau. Doch das Hohelied hat noch mehr Facetten: Es bringt uns neu auf die Spur der größten Liebesgeschichte, die die Welt je erlebt hat – die Liebe Gottes zu uns, die in Jesus Christus Gestalt annimmt.

Lassen Sie sich mit hineinnehmen in die Geschichte und den tiefen Sinn des Hohenliedes. Lassen Sie sich von den ausdrucksvollen Bildern der Künstlerin Katja Hogh und den meditativen Texten von Steffi Baltes berühren. Und lassen Sie sich dazu einladen, dem göttlichen Geschenk der Liebe zwischen Mann und Frau nachzuspüren.

Ein ideales Geschenk nicht nur für Verliebte, sondern für jeden, der sich von Gottes großer Liebe zu uns inspirieren lassen will.

Steffi Baltes
Sie hörten auf den Herzschlag Gottes
ISBN 978-3-86827-155-3
48 Seiten, gebunden

Vor vielen Jahrhunderten kletterten irische Mönche in ihre Boote und segelten ins Ungewisse hinaus. Als sie ihre geliebte Heimat verließen, um für Gott ans Ende der Welt zu gehen, brachten die Männer der grünen Insel ein großes Opfer. Doch Gott gab ihnen auch etwas ganz Besonderes zurück – neue Welten, eine neue Perspektive auf ewige Wahrheiten und das Glück, für viele Völker zum Segen zu werden.
Dieser beeindruckende Bildband schildert uns die Männer und Frauen der keltischen Kirche, ihren Glauben und ihre Taten.

Steffi Baltes
Unser Leben, ein Weg mit Gott
ISBN 978-3-86827-114-0
48 Seiten, gebunden
zahlreiche Farbfotografien

Unser Leben ist wie ein Weg. Wir gehen ihn manchmal mit Gott und oft auch ohne ihn.
Die Fotografien, Texte und Gebete in diesem Bildband leiten uns durch verschiedene Wegabschnitte. Sie inspirieren uns, Gott als treuen und umsichtigen Begleiter auf unserer Lebensreise zu begreifen und in die Fußstapfen von Jesus zu treten – egal ob die Strecke über steile und steinige Passagen oder durch sanfte Ebenen führt.

Steffi Baltes
Unser Herz, ein Garten Gottes
ISBN 978-3-86827-115-7
48 Seiten, gebunden
zahlreiche Farbfotografien

Unser Herz ist für Gott unendlich wertvoll und kostbar. Niemand kennt es so gut wie er. Die Bibel beschreibt die Pflege, die Gott ihm angedeihen lässt, in lebendigen Bildern, die dem täglichen Leben entnommen wurden: der Natur, dem Garten- und dem Ackerbau.
Die Fotografien, Gebete und Meditationen dieses wunderschönen Bildbandes regen uns dazu an, unser Herz als einen Garten zu sehen, der gepflegt werden will. Sie machen Lust und Mut, an Jesu Hand durch diesen Garten zu wandeln und sich von ihm auf Ecken hinweisen zu lassen, in denen mal aufgeräumt oder gedüngt werden müsste. Vielleicht entdecken wir dabei ja auch so manche verborgene Frucht oder Blume, die der große Gärtner liebevoll großgezogen hat, ohne dass es uns bewusst war …

Steffi Baltes
Denn so hat Gott die Welt geliebt
Impulse zu Passion, Ostern und Himmelfahrt
ISBN 978-3-86827-153-9
272 Seiten, gebunden

Steffi Baltes lässt die Ereignisse um Jesu Leiden, Sterben und Auferstehung vor unseren Augen lebendig werden. Wir ziehen mit Jesus in Jerusalem ein, sitzen mit den Jüngern beim letzten Mahl und begleiten Jesus auf seinem Weg zum Kreuz. Wir werden Zeugen der Ereignisse um die Auferstehung, treffen Jesus am See Genezareth wieder und erleben, wie er in den Himmel aufgenommen wird. Auslegungen, Gedichte und Gebete führen in die Stille, geografische und archäologische Hinweise helfen, die biblischen Orte heute kennenzulernen.

Weihnachtsbücher bei FRANCKE

Max Lucado
Stille Nacht in meinem Herzen
ISBN 978-3-86122-851-3
96 Seiten, gebunden

Der erste Schrei des Babys im Stall von Bethlehem hat den Gang der Weltgeschichte auf den Kopf gestellt. Max Lucado spürt dem Geheimnis jenes unglaublichen Augenblicks nach, der die Existenz jedes einzelnen Menschens, der auf Erden gelebt hat, von Grund auf veränderte - angefangen bei Maria, Josef und den Hirten bis hin zu uns Menschen des 21. Jahrhunderts. In seinem unnachahmlich einladenden Schreibstil erklärt er den Zusammenhang zwischen der grenzenlosen Liebe Gottes zu uns Menschen und dem Leben dieses Kindes. Dieser wunderschöne Bildband malt ein so außergewöhnliches Bild von Weihnachten, dass wir unwillkürlich vor der Frage stehen: „Wenn eine flüchtige Begegnung mit Gott die Menschen schon derart beflügelt, was könnte da aus uns werden, wenn wir ihm Tag für Tag so nahe kämen?“

Max Lucado
Die Weihnachtskerze
ISBN 978-3-86122-943-8
160 Seiten, gebunden

Alle 25 Jahre wiederholt sich ein Wunder im Herzen Englands. Kurz vor Weihnachten erscheint ein Engel im Haus des Kerzenmachers Haddington und rührt eine seiner Kerzen an. Den Haddingtons aber bleibt seit Generationen eine schwere Aufgabe. Das auserwählte Wachslicht muss an einen würdigen Empfänger verschenkt werden, denn den Besitzer erwartet großer Segen. Pfarrer Richmond, Gemeindehirte zur Zeit der Königin Victoria, hat so seine Zweifel an dem Phänomen. Bis zu dem Weihnachtsfest, an dem etwas Außergewöhnliches passiert ...
Eine wunderschöne Geschichte über den Glauben der Menschen und die Kraft des Gebets.